文春文庫

三國連太郎、彷徨《さまよ》う魂へ

宇都宮直子

文藝春秋

目次

三國連太郎、彷徨《さまよ》う魂へ

第一章　波瀾を歩く

　車道の奥に五頭の鹿が歩いている。おそらく親子なのだろう。一頭は大きく、あとはひとまわり小ぶりだ。鹿は、車が近づいても慌てなかった。まず親が、続いて四頭が、車道脇の森へゆっくりと消える。

　八十五歳の三國連太郎《みくにれんたろう》は車の助手席から、それを見ていた。運転をしているのは、彼の妻である。

「これまでも何度か鹿を見ましたが、一度にこんなにいるのを見たのは初めてです」

　近くに彼の別荘があった。仕事が一段落したあとや、まとまった休みが取れたときに、三國はこの別荘を訪れる。

　苔生《こけむ》した木の階段を上ると、おとぎ噺《ばなし》にでも出てきそうな分厚い木造の扉があり、その先に古木と漆喰《しっくい》で作られた住居が続く。

「僕は、関東大震災の年に生まれたので、地震に強い、丈夫な家が欲しかった。ただ、それだけですよ」

と彼は話すが、別荘には風格とこだわりが溢れている。

吹き抜けの高い天井、露《あらわ》になっている木組み、優しい光を放つ照明。壁にはめ込まれたステンドグラス、タイル（イラン製）の上の鉄製の暖炉。木造の扉が設《しつら》えられた窓、壁のユーモラスな絵画やレンガの敷き詰められたテラス。

「この家は、ドイツで撮ってきた写真をもとに作りました。吹き抜けは、馬小屋を模したんです。木組みが見えるスタイルが気に入りましてね」

部屋はどこから見ても美しかった。

また、夫妻がふたりで過ごす住まいとしては、いかにも広かった。居間の端にある小窓を開けようとしている三國に、もう一方の端から声をかけようとすれば、大げさでなく、声に力を込めなければならない。

別荘の二階にある三國の書斎は、まるで独立した山小屋のようだ。

そこに無造作に置かれる家具は重厚で、どこか主《あるじ》に似ている。唯一例外は、パッチワークのソファだろうか。

三國が新宿のデパートで見つけ、購入したそのイタリア製ソファ一式は、東京の以前の自宅で使っていたものだった。

彼のこだわりには、愛らしいものも含まれる。とくに天使が好きで、ステンドグラスには、向かい合う天使がデザインされていたし、陶器など、小物もいくつか持っていた。

書斎の机には、原稿用紙が重ねられている。彼はそこで原稿を書く。ずいぶん枚数が進んだ作品もある。しかし今は、筆が止まったままだ。

「ぜんぜん書いていないんです。そのままになっています」

それが何をテーマにした、どんな作品だったか、私は覚えていない。忘れてしまった。

「あれから」、もう何年が過ぎたろう。

三國は嬉しそうにしていた。四つ五つのタイトルを紙に書き、考えていた。そのうちのどれがいいと思うかと訊いたりもした。それをこのまま捨て置くつもりではなさそうだ。

「ここに来ると、ぼーっと考えています。何を考えているのかは、うまく言えません。休むに似たりといったところでしょうか。

何かを思いついたとき、僕はまずこれにアイディアを書くんです。そのあとで、原稿用紙に書くので手間がかかります」

見せられたのは、スケッチブックだった。

達筆（三國の書は荒々しかったり、形よくまとまったりしていて独特の魅力がある）が、数枚のページを埋めている。重要なのか、黒く囲まれた段落もあった。

「思いつきはするんですけど、なかなか。時間も、十分には取れませんから」

実際、彼は最近、ずいぶん忙しかった。

二〇〇八年、新作映画の公開が近づいていた。一九八八年から始まった人気シリーズ「釣りバカ日誌19」。三國の役柄は、「鈴木建設会長、スーさん」である。

居間に下りて、映画の話をした。

彼はコーヒーを飲み、京都から届いた和菓子を食べている。部屋には妻の好きな音楽が流れている。少年の透き通ったソプラノが、その場をミサのような雰囲気にしていた。

「『釣りバカ日誌』も、もう二十年ですか。ずいぶん早かった気がします。もともとは、こんなに長く続けるつもりはなかったんです。一本という約束で始めたものでしたし。僕は飽きっぽい性分でして、どんなに才能のある監督との仕事でも、三本くらいで『もういい』と思ってしまうんです。怖いんだと思いますね、いつまでも同じところにいるのが」

では、なぜこのシリーズを続けてきたのか。その理由として三國は、まず「社会からの共感」を挙げる。

「僕は、鈴木建設を現代の縮図のように捉えてきました。『釣りバカ日誌』の背景には、さまざまな社会問題、痛みがあります。それが、世間に受け入れられた要因ではないかと思うんです。

単に、笑わしてやろうでは喜劇にはなりません。しっかりとした視点、根っこがないと喜劇は成り立たない。

そういう意味では、チャップリンと同じような自覚というんでしょうか、社会に針を刺すような姿勢を、常に持っていなければと思っています」

そのために、三國は「新作に入るとき、自分の思うところを先に聞いていただく」ことも辞さない。

映画関係者によれば、それは穏やかだが、火のように熱く、迫力のある「意見」だ。

さらに、彼は一切の妥協を許さない。他者にではなく、己に、である。

「僕は、常にわからないものを探しています。映画は何回やっても、『違う』という思いの繰り返しです。

撮り終えたシーンを翌日、撮り直してもらうこともあります。そうすると、苦虫を潰すような顔をされる方もいますが、苦虫は何べんだって潰すべきなんです。

フィルムは無駄にしたほうが、勝ちだと思います。反感を買うこともありますが、人のために仕事をしようとは思わないです、僕。絶対に、思いません。

自分が納得できる芝居がしたい。そういう思いを理解してくれた監督は、これまで五、六人しかいなかったですね」

関係者の多くは、三國を扱いの難しい役者だと考えている。

彼らの中には、関わりを避けたがっている人間もいたし、もみ手で寄ってくる「連中」もいた。

「僕には映画界に、親しい友人はいません。皆無です」

そうした状況を、彼はおそらく歓迎しているだろう。

三國は群れが嫌いだ。生来、話すことも好きではない。話さないでいいと言われたら、十日くらい、まったく話さないでいられる自信がある。

だから、孤立や孤独は、彼を不幸にしなかった。むしろ、彼はそこにしか生きられない。どこにいても、どんなときも、彼は用心深く、人と距離を置く。そして、その場所でいつも考えている。

虚の芸術に、いかにして真を織り込むか。社会だけではなく、自らに針を深く刺して……。

「『釣りバカ日誌』の面白さは、権力の逆転にもあると思います。会社での会長と平社員という関係が、趣味の釣りでは、師匠と弟子に変わる。その辺の痛快さというのはあるんじゃないでしょうか。

ハマちゃんを演じている西田《にしだ》(敏行《としゆき》)くんは特異な才能を持った俳優です。既成の枠を飛び越えた芝居をする。それが魅力でもあるのでしょうが、やりすぎると作品を壊してしまいます」

三國は、西田に、ロケの現場で注意をしたことがある。あなたの演技は、少し先行しすぎているのではないか。金沢の蕎麦屋でのことだった。

「アドリブが多すぎるんです。もっと相手を考えた芝居をしてくれないと、周囲が迷惑をする。僕にとっても迷惑でした。

彼は最初、唖然《あぜん》とした顔をしていましたが、申し出を理解してくれ、それからは安心してついていけるようになりました」

そう言って、三國は笑った。

彼が本当に笑っているときは、瞳が寛いだように柔らかくなる。

その視線の中にいると、緊張が解け、静かな欠伸《あくび》がこみ上げてきたりする。欠伸は実際のものではなく、頭の中で背伸びをしているような不思議な感覚だ。

三國はふたつめの菓子を口にした。目の前には、温かい日本茶が運ばれている。彼は、酒を飲めない。煙草は、止めた。止めようと思った瞬間から吸っていない。馬の立ち姿が描かれた、エルメスの灰皿も居間から無くなった。

「チェーンスモーカーでしたが、何の苦痛もありませんでした」

彼には紫煙がよく似合った。まるで、ため息をつきたいがために、煙を欲しているような印象を受けた。あんなに格好よく、煙草を吸える男はそうそういないだろう。

話は映画に戻る。三國はときおり、話の流れを大きく変える。「話は変わりますがね」と、それまでを、完全に断ち切ってしまうことも少なくない。

知り合って間もない頃は戸惑った。失礼があったのかと、うろたえた。しかしそれは、彼特有の話し方だった。

もし何かを知りたければ、重ねて尋ねればよかった。このときもそうする。「釣りバカ日誌」は、三國さんにとって、どんな意味を持つのでしょう？

自己を追究する日々について、語り始めていた三國は、話をすんなり戻して言った。

「西田くんの魅力に引っ張られ、毎回、何かを探しながらやってきましたが、僕にとっては、少し長すぎたのかもしれません。今はそんなふうに思っています」

「19」では、サプライズが用意されていた。息子、佐藤浩市《さとうこういち》と共演したのである。ただ、そのことには、彼は何も触れなかった。

その日、あらかじめ用意していた質問は、すべて無駄になった。メモは一字も取らなかった。

三國は自由に、すらすらと話し続けている。取材については、まあ、いいじゃないですか、また今度で、と笑った。

テーブルの上で、テープは無防備に回り続ける。

外は闇だ。木々の緑は色を変え、深く黒い。霧で煙る空に、白色の薄い月が見える。部屋は、今は何の音もしない。

「壁を厚く作りましたから、外の音が聞こえないんです」

その沈黙は、豊かさの象徴である。それを彼は自身の才能だけで築いた。

三國連太郎は一九二三年一月二十日、群馬県太田市に、長男として生まれる。生家は、非常に貧しかったという。

河川工事などに従事していた父の仕事の関係で、各地を転々としたあと、静岡県立豆陽中学に進学するが、二年のときに退学をする。

「親父は小学校しか出ていません。その分、息子には、ちゃんとした教育を受けさせたかった。

人に後ろ指をさされない生き方をさせたい、そういう願いを込めて、僕を進学させるんですが……」

三國の語る、彼の来し方はある程度、決まっている。

俳優になって以来、それも名優と呼ばれるようになってからは、誰もが彼の人生を知りたがる。三國はだから、過去を語るのに慣れていた。

「中学は僕にとって、矛盾そのものでした。教師は、銀行や役人の子をあきらかに贔屓《ひいき》する。僕なんかは無視です。いないに等しい存在だった。

そのうち挨拶は敬礼に変わり、軍歌を歌い、ゲートルを巻いて、配属将校の訓練を受ける。虚しかったですね。嫌でたまりませんでした」

これはいったい何のための教育なのか。彼は教育に興味を失った。自分には、教育を受ける資格がないと思った。

「で、行かなくなったんですよ、学校」

日中をぶらぶらと過ごし、漁師小屋で眠り、食事は友人の家でとった。当然、父は腹を立てた。

「ある日、自宅の縁の下で眠っていたら、親父が物干し竿で僕を殴った。這いずりまわって逃げるんですけど、竿は追いかけてくる。

僕は逃げて、それっきり、家に戻りませんでした。大陸へ行ったんです。目的があったわけではありません。ただ、行けばなんとかなると思っていました。不安ですか？　なかったですね」

三國はまず、下田の港に出る。そこには「神風丸」という船が停泊していた。尋ねると、中国山東省のチンタオに行くという。

彼は、躊躇《ちゆうちよ》しなかった。船は出港する。錨の格納庫に十四歳の少年を乗せ。

「気がつくと瀬戸内海の海上でした。どこかの島に停泊して、物資の補給をするんですが、その間に小舟が寄ってくるんですよ。『おちょろ舟』って呼ばれてました」

「おちょろ舟」には、娼婦が乗っていた。

「お女郎さんたちは、縄ばしごを伝って船に登ってきました。船員の寝室で、肉体を提供するんです。

僕は、そこで肉体の売買というのを初めて見ました。ことを済ませて、金を貰って帰っていく。一円くらいだったでしょうかね。世の中には、いろんな世界があると思ったのを覚えています」

船員に見つかったのは、三、四日経ってからだったろうか。七十年以上も前の話である。三國の記憶は、ところどころ曖昧だ。

「黄海に出たあたりだったと思います、船長室に連れて行かれたのは。捕まったと言っても、海の上ですから、結局『いまさら、日本に帰すわけにはいかない』ということになりまして、チンタオに着くまでボーイとして働きました」

彼のそれからは、「波瀾万丈」では収まらないほど奇怪だ。

無銭で出国した少年は、チンタオから満州へ、そして朝鮮半島を放浪し、あわよくばシベリアからロシアに入りたいとも考える。

「さすがにそれは無理でしたので、引き返しましたが」

少年は流れにまかせて、着いた土地で働いた。年齢を偽り、たとえば弁当屋、ダンスホールなどで。

「ソウルの花柳界でも働きました。子供心に、日本に帰りたいという思いがありまして、小遣いを貯めたかったんです。

仕事は、『太鼓持ち』の見習いのようなことをしました。芸者さんの三味線を運んだり、そういったことです。

当時、朝鮮は日本が占領していましたから、普通よりいい待遇が受けられました。僕みたいな立場の者でもです。花柳界には、日本の芸者衆も多くいて、『おひねり』をたくさんもらいました」

三國はその後、関釜連絡船で帰国する。濃密で、青い漂流が終わる。少年は、十六歳になっていた。

人脈も資金もなく、土地勘のない場所で過ごすのに、怖れや後悔、絶望はなかったのだろうか。

「怖いとは思いませんでした。しかし、絶望感はありましたね」

三國は静かに笑った。

その二年の間に、彼の心に深く刻まれ、現在も薄らぐことなく残る言葉がある。

「ヨボカマイッソ」

その正確な意味を三國は知らないが、「朝鮮の人々に対し、鞭《むち》を振るう支配者の差別語」であるらしかった。

「僕は向こうで、日本人が朝鮮人を竹竿で殴ったり、足蹴にしたりしているところを目の当たりにしました。大勢の労働者が、荷役に就こうと列を成している。列がわずかでも乱れると、『ヨボカマイッソ』って怒鳴りながら蹴倒すんです。その光景は、今も脳裏に染み付いて離れません。『ヨボカマイッソ』には、たしかに侮蔑の意味が込められていた。忘れられないですね。おそらく、死ぬまでこのひとことを忘れないと思います。僕はいつも、人に流れている血は同じだという気持ちでいます。人間が人間を差別していいという根拠は、この世にひとつもないんですから」

テープは回り続けている。

三國連太郎には、奔放きわまりない一面と修行僧のような一面がある。相反する「彼」は、それぞれに強烈な情を持ち、八十五年を生き抜いてきた。

三國を知るためには、四方から、その姿を確かめなければならない。そうでなければ、見誤る。

たとえば、彼は両親に対して、複雑な思いを抱えている。吐き捨てるように語ることもあれば、庇《かば》い、守ろうとする口調のときもある。その揺らぎを含めて、彼の真実であろうと私は思う。

「親父は戦争に対して、大きな疑問を持っていました。満州事変のときに出征して、そこで終戦を迎えるんですが、従軍記章ってありますね、金平糖の形をした。あれを当時飼っていた犬の首に下げてました。

親父には、権力への抵抗と言いますか、反戦的なところが多分にありました。そうした生き方、姿勢には、僕も少なからず影響を受けていると思います」

三國は、戦争に行きたくなかった。敵であっても、人は殺せないと思った。国のために、命を捧げるつもりもなかった。

だから、召集令状が届いたとき、迷わず逃げた。実家のあった静岡から佐賀県唐津まで、それこそ懸命に。

「結局は捕まって、二十歳で出征となるんですが。僕が戦地に行くとき、親父は見送りに出てきませんでした」

周囲に「万歳」がこだまする中、三國は家に入り、父に告げた。じゃあ、行ってくる。父は短く言った。何があっても、生きて帰って来い。それで別れた。

中国に派遣されるときには、母だけが港にきた。甘いものが好きな息子のために、ぼたもちを作ってきていた。父のように、死ぬなとは言わなかった。ただ、泣きながら見送った。

「僕は落伍兵でした。結局、一度も鉄砲を撃たなかった。つまり、撃てなかった日本兵だったのです。無気力そのもの。いかにして生き延びるか、それればかりを考えていた気がします」

三國は戦争で、大勢の仲間たちが死んでゆくのを見た。絶対的な死を前にして、忍びがたきを忍べと言われても、きわめて一方的であるように思えた。

「僕には、個人の選択権がないことが不思議でした」

そして、終戦。中国から帰国した三國は国内を流れる。

九州では洗濯石鹸を売り、長野では統制品の味噌を売った。塗装工や電気技師、バス会社の職員にもなった。いかにして生き延びるか。それは戦地だけの問題ではなかったのである。

「仕事は、食えれば何でもよかったんです。役者になったのも偶然です。街でカメラテストを受けないかと誘われて、飯を食わせてくれるならと付いていった。

それがなければ、僕は今、こうしてはいないと思いますね。どこかで、とっくに野垂れ死にしているんじゃないですか」

三國はテストに合格し、当時の新聞に「彼ほど幸運な映画俳優も珍しい」と書かれる男になる。二十七歳のときだった。

主人公の名だ。

デビュー作は、五一年の「善魔（木下惠介《きのしたけいすけ》監督作品）」。「三國連太郎」は、この映画の役者という仕事は、彼の人生を一瞬にして華やかに彩った。大阪大学工学部卒業、それが映画会社が用意し、公式に発表した「新しい過去」だった。

三國は、虚像の世界とはこんなものかと思った。なにしろ、食えればよかったのだから。だが、作り物の過去は、思いのほか扱いが難しかった。

虚を貫こうとするには、幾重にも虚を積み上げてゆくしかない。結果、三國の役者人生は、嘘に塗《まみ》れた出発となる。

「人に何か尋ねられても、真実を語ることができませんでした。清算したいという思いは常にあったんですが」

さまざまな「虚」は、深く絡みつき、根を張り、容易には解放してくれなかった。実際、定着していた履歴を覆すのに、三國は二十年の月日を必要とした。

さらに、その間、彼は公私両面で紆余曲折の道を歩く。

天性の才能に喝采は与えられてはいたものの、映画会社との専属契約を巡るトラブル（五社協定違反）を引き起こし、三度にわたる結婚離婚、そして、女優、故太地喜和子《たいちきわこ》との恋愛など、人間として生臭い話題のおよそを、社会に提供し続けたのである。

三國は、どんな酷い中傷を浴びせられても、あるいは別れた女性の怨嗟《えんさ》が、さまざまな媒体を通して広がって行っても、一切言葉を返していない。

「大半の人が生きる生き方をしてこなかったから、信じてもらえなかったのでしょうかね。

あるとき、あまりに周りから『おかしい』と言われるものだから、それならそうなんでしょうと答えたら」

すぐさま、「三國連太郎、私は精神分裂病だと言い放つ」と報道された。

彼は固く黙った。

憶測と真実は合わされ、捏《こ》ね回され、三國はますます難解で複雑な人間として受けとめられていった。

ただ、一連の騒動で、彼が傷つくことはなかった。

その話を、私はにわかには信じがたかった。

彼はそれから、一気に話し始める。

「僕は経験において、一度もしょげたことがありません。人の噂話で敗北を感じるようなタイプではないんです。くよくよもしない。どこか、冷めているんですかね。

上からの押し付けに従わないのが、奔放であるとも思いません。五社協定違反で仕事を干され、独立系の映画に出ていたときも、誇りを持って一本一本演じました。

僕は、自分の信じる道しか歩けないんです。決して、外れることができない。そして、それは僕にとって、とても幸せなことだったと思っています」

彼が苦しむのは、自身との闘いにおいてのみである。そこに他者は入る余地がない。

三國は、言う。

「僕は、残酷なまでに闘ってきました。今も、闘い続けています、自分自身と。勝者としての名声が欲しいとはまったく思わない。自分が何かを摑もうとしている、階段を上り続けているんだという自信を持っていたいんです。

僕は、己の生き様を『虚名』として残したくないと思っています。僕は役者という仕事に、鉄の意志を持ってかかわった。決して、逃げてこなかった。

芸術というものが幻ではなく、もし傍らに横たわっているとするのなら、どんな辱《はずかし》めを受けようと、どんな苦しみを得ようと、喜びを持って、その痛みに耐えていけるような気がしています」

意志は報われただろう。彼の役者としての人生には光が満ちている。

事実、三國は、国内主要映画賞の数多い受賞のみならず、親鸞の苦悩の生涯を描いた自らの監督・製作作品「親鸞―白い道（一九八七年）」で第四十回カンヌ国際映画祭審査員賞、「利休（八九年、勅使河原宏《てしがはらひろし》監督作品）」でモントリオール国際映画祭最優秀芸術賞を受賞するなど、国際的にも高い評価を得ている。また、九三年秋には、勲四等旭日小綬章を受けた。

彼はときおり、自分を卑下した物言いをする。うんざりしたような顔で、何もなしえていない人のように言う。

僕みたいな凡人は。僕は無能な部類に属する人間ですから。僕には才能がない。そんなとき、私は勇気を奮って、「それはむしろ、思い上がりです」と正直に言った。三國連太郎が得てきた評価は幻ではない。生き様は虚名にならない。なりようがない。

この日、夕食を済ませてから、三國は自分がいかにエゴイストであるかについて、かなり詳しく語った。

恋において、愛において、結婚において、彼は多くの物語を持っている。彼にとって、その終わりは単なる終わりだ。記憶が飾られることはなかったし、苦々しく歪められることもなかった。

「つまり、僕は、僕以外の人間に時間をもぎ取られるのは我慢できないんですよ」

それでは、女はついていけない。そう言うと、三國は面白そうに笑った。

「そうでしょうね」

まなざしが、どこか遠いところを見ている。

話は、上質の文学のようだった。

三國は、放置し続けてきた自己と向き合う作業を始めていた。三十五ミリフィルム、三万フィート。そこに、七二年当時の三國連太郎がいる。

彼はインド、パキスタン、アフガニスタンに三か月滞在した。フィルムは主演・監督・製作の映画になるはずだった。

「あれは自分を淘汰するための旅でした。僕は果たして何者なのか。未知の国でなら、自分を見つめなおすことができるだろうと思って行ったんです。

フィルムは倉庫に預けて、毎月、月謝のように使用料を払い続けてきました。ちっともったいないと思いません。投資なんです、わずかでも僕が成長するための。先日、久しぶりにラッシュを見たんですが、そんなに悪くないと思います。あの流浪、あの三万フィートはいったい何だったのか。それをこれから考え直してみようと思っています」

二十年近く前、三國はこんなふうに言っていた。生意気かもしれませんが、説得力を持った純文学に近い映画を作ってみたいんですよ。

時は満ち、動き出す。彼に出来ることは、それしかなかった。彼は結局、三國連太郎としてしか生きられないのだから。

夜は更けて、午前一時が近かった。

三國は疲れた目をしていた。彼のそんな目を見るのは初めてだった。ただ、言葉の力強さは変っていなかった。

「僕は生きている限り、苦しいとは思わないでしょうね。そういう感覚は役者という人生に……」

私たちは、次の日もまた、同じように話し続けた。

第二章　「愚劣なもの」の記憶

駅前に停まった車から、三國連太郎が降りてくる。

彼は八十六歳には見えなかった。

薄いニットの上に、デニムのジャケットを羽織っている。私のトランクに手を伸ばしながら、言う。

「やあ、いらっしゃい」

彼はいつもすごく親切だ。荷物を車に載せ、座席のドアも開けてくれる。

ドアを閉めるときには、

「手を引いてください。だいじょうぶですか？　服を挟まないように気をつけて」

と言った。

そうした気遣い、態度は、誰に対しても変らない。丁寧で、温かく、穏やかな。そんなところは、たしかに三國らしかった。

ただ、もちろん、それは彼の全部ではない。

彼はこれまで、平凡から遠く離れた生き方をしてきたし、親しい友人も持たなかった。「泥棒と人殺し」をしなかった代わりに、職を転々とし、恋をかなりたくさんした。結婚も何度か重ねた。

「僕は僕以外の人間に、僕の時間を奪われるのが我慢できないんですよ」

だから、三國は知らないうちに、きっと誰かを傷つけてきている。

彼はどんなときであっても、自分を曲げない。何かに属そうとしないし、接点を結ぼうとしない。むしろ、片っ端から切ってゆく。

要するに、捉えどころのない、不可思議な怪獣みたいな人だった。

この日も、私は彼の別荘を訪ねようとしていた。

季節は四月半ば、もう暑い日もあったし、まだ肌寒い日もあった。

家を出る少し前のニュースでは、都心の気温が二十度を越えたと伝えていた。

日中、街を走る分には風が心地いい。ウインドウを少し下ろした車内は、ひゅうひゅうと音をたてて空気が流れた。

助手席に座る三國は、ジャケットの袖口を数センチ折り返して着ている。デニムの裏地は、抑えた赤のチェックだ。

新しかったときには、もっと明るい色をしていたのかもしれない。今は、ちょっと褪《あ》せた感じがする。

「いつ、買ったんでしたかね。忘れましたけど、だいぶ古いと思います」

でも、それはすごく洒落《しゃれ》ていて、彼によく似合っている。そのまま、雑誌のグラビアにだって出られるだろう。

後部座席からは、三國の横顔が見える。あごの辺りに短く髭が伸びて、銀色に光っている。

張りのある重たい声と、人を射抜くような大きな目と、しっかりした足取りを彼は持っている。

別荘に着いたとき、まだ周囲は暗くなってはいなかった。

途中、スーパーマーケットに寄った。三國も車を降り、店内を歩く。

「並んでいるものを見て回るのが好きです。楽しいと思いませんか」

野菜、乳製品、肉、魚、惣菜など、ありふれたものの中で、彼はひとり、きわめて特別だった。

すれ違う人たちは、三國をじっと見る。

ある女性はいったん通り過ぎ、また戻ってきて、インドネシア産の冷凍海老の前で、意を決したように言う。

「すいませんが、握手してください」

そうした好奇の目を、彼はまったく気にしなかった。もちろん、握手の求めにも自然に応じる。

しかし、周囲の視線は、現実的ではない何かを見たように、ざわざわと興奮している。たぶん、多くの人にとって、彼はそこにいるべき存在ではないのだ。

三國の別荘は、緑深い山中にある。夜になると漆黒の闇に包まれ、星は遠く高いところで降るように光る。

その徹底した静寂を三國は愛していた。

何かの拍子に、こんなふうに言ったこともある。

「お終いになるまで、ずっとここにいたいと思ってます」

三國は邸《やしき》に入ると、リビングの床に身体を横たえ、暖炉の火をつける。そして、しばらくそのままの格好で、燃える薪を見ていた。

橙色《だいだいいろ》をした火が揺れて、小さく音が爆《は》ぜる。

「この音、いいでしょう？　僕、好きなんですよ」

薪の柔らかな温かさは、広いリビングにちょうどよかった。日中の汗が嘘のように、空気が冷えている。

コーヒーを飲み、濃い日本茶を飲み、苺を食べ、ハートの形をしたクッキーを食べたところで、私は申し出る。そろそろ、取材をさせていただけますか。

三國はいたずらっぽく笑って、いつものように、

「まだ、いいじゃないですか。後にしましょう」

と言った。

でも、後にするわけにはいかなかった。

その日、私は「戦争」について尋ねるつもりだったから。

これまで、三國といろんな話をしてきたが、戦争に関して詳しく訊いたことがない。とくに避けていたわけではないが、機会がなかったのである。

「なにしろ、テーマが戦争なので」

と私は言った。

「だから、嫌なんです」

と彼は言った。

「だって、戦争ほど愚劣なものはないじゃないですか。僕は思います。世の中に、あれほど馬鹿げたものはないって。

ええ、まったく愚劣な行為だと思いました。守るほうも攻めるほうも、殺し合い。人を殺すことが第一条件なんだから、愚劣という以外にないですよ」

三國は一気にそう話した。「愚劣」を、何度も使った。吐き捨てるように、嫌悪を隠さず、でも、奇妙なくらい冷静に。

リビングのオーディオは、今夜はジャズを流している。チェット・ベイカーのトランペットが聴こえる。

戦争の話は、三國の部屋ですることになった。

「じゃあ、行きましょうか」

三國は、階段を上る。

古い教会のような木造の階段を、右手に湯呑を持って、ゆっくり上ってゆく。書斎の机に座って、三國は、話し始める。長い、長い話である。

戦争は、「愚劣」とひとまとめに捨ててしまえるものではない。殺し合いで失われるのは、命だ。

「僕があの戦争で思っていたのは、絶対に死なないということです。必ず、生き延びようと思っていました。

だから、僕は戦地で一度も鉄砲を撃たなかった。撃つと、敵に所在がわかってしまいますからね。

とくに、夜は曳光弾を使うので、一発でも撃てば、敵はそこを狙って、集中的に撃ってくる。つまり、助かりたければ、撃ってはいけないんです」

三國が話す「戦地」は中国である。

そこへ送られる前、彼は一度、逃げている。当時、暮らしていた大阪から、佐賀県唐津まで、心斎橋近くのカフェで女給をしていた女性を連れてだ。

三國連太郎の人生からは「女」が切り離せない。戦争を語るときであっても絡んでくる。

「数えたことはありませんが、やたらに多かったと思います。ガールフレンドと恋人、妻にしたい女は違うものですから」

彼が、にこやかにそう言ったとき、

「まったく、とんでもないですね」

と私は応えた。

でも、多くの女性にとって、三國は、愛さずにはいられない男だったのだとは思う。難しい恋や面倒な愛は、切なく疼《うず》く甘い毒だ。たとえ、苦しくても欲しくなる。

それから、話が女性に流れるたび、私は彼を戦争に引き戻す。強引に、死の匂いのする場に帰って来てもらう。

三國は心底、戦争を嫌っている。だが、口調は淡々としていて、何も隠さない。あまりに隠さないので、私はときどき、ひどく戸惑った。

「正直、僕は戦争の話をするのが好きじゃないです。これは僕だけではなくて、みなさん、そうじゃないでしょうか。話さないのが大義名分なんだと思います。あの当時、みんなどこか麻痺していたんですよ。『忠君愛国』という四文字に誤魔化されて、その麻痺の中で死んでいった方が大半なんじゃないですか。上手く言えませんけど」

唐津で三國は漁船を探した。なんとか手配しようとした。船が手に入れば、朝鮮半島を経て、中国に逃げるつもりでいた。

しかし、それは叶わなかった。彼は捕えられ、結局は、ふるさと静岡から出征する。

一九四三年十二月、総勢千数百人の兵士とともに、皮肉にも中国へ向け。

「第三十四連隊所属で、僕は二十歳でした。列車はまず、広島に向かいました。そこで輸送船に燃料や食糧を補給するんです。

就航準備をしていた夜、上官の命令で、街に薬を買いに出たのを覚えてます。花街にある薬局に行ったんです。たしか、流川《ながれかわ》というところまで、全力で走りました」

三國は、椅子に深く座り、よどみなく過去を振り返ってゆく。

彼はこのとき、「薬を買いに」としか、言わなかった。ただ、一九八二年の新聞紙上では、こう答えている。

「名残に是が非でも、女性の肌を」

薬と女性。どちらが正しいのかは問わなかった。彼の虚実は、薄い皮膜の表裏である。

三國は大いなる矛盾の中を生きてきた。簡単に正体は摑ませない。

第三十四連隊の兵士を乗せた船は、大陸を目指して進む。

「朝鮮半島を渡って、鴨緑江《おうりょくこう》を渡って、北京からずっと下って南京まで。そこから、輸送船に乗って揚子江を遡り、漢口へ行き、今度は列車に乗り換えました。北支の方へ向かう汽車です」

信陽という場所に、連隊本部はあった。そこで、兵士たちは、さまざまな軍事教練を受ける。

「毎日、馬の世話をしたり、兵舎や鉄砲の手入れをしたり。ごく下っ端の兵隊のやる仕事をやりました。

僕は徹底した落伍兵でしたから、討伐には一度しか出たことがありません。討伐と言っても、逆に討伐されて帰ってくる、そんな状況だったと思います」

一度きりの「討伐」で、三國は墓地に隠れ、動かなかった。中国式の墓は、土が小山のように盛ってある。夜間、その陰にじっと潜んでいた。

闇の戦場を、弾丸は光りながら行き交う。

弾は蛍のように見えた。美しく飛ぶ。そして、兵士を傷つけ、撃ち抜き、血しぶきを降らせ、殺した。

「表向きは違っていましたけど、実際の戦況は劣勢でした。上官の中に、僕を可愛がってくれる故郷の先輩がいましてね、いろいろ教えてくれたんですよ」

上官は言った。

次には、重慶や杭州に向かうが、おそらく、そうとうの犠牲者が出るだろう。だから、お前は病気になれ。

「それで、僕は病気になることにしました」

本当は違ったのですか、と私は訊く。

「元気だったんです」

彼は、拍子抜けするほど簡単に、仮病を認めた。

重ねて尋ねる。卑劣だとは思いませんでしたか。

三國に、感情の揺らぎは感じなかった。人差し指が机を軽く叩いている。何かを考えているとき、彼はよくそうした。

指の少し先に、原稿用紙があって、黒い万年筆があって、小さな電気スタンドがあって、そのすぐ横に、私はいる。

「無駄死にをした人たちに対しては、そうですね……、なんとも言えない気持ちがします。

僕はとにかく、いかにして弾に当たらないか、そればかりを考えていたわけですから。非国民と言われれば、そうだと思います。

でも、僕は、戦争で人を殺したからって立派とは思わなかった。どうしても、思えなかった。

あの戦争は、特定の人には意味があったでしょう。非常に地位の高い戦地に来ないような人たちには……。

僕らは違いました。むりやり、殺し合いに参加させられてしまったんです。わずか星ひとつ稼ぐために、五箇条の御誓文なんかを暗記しましてね。一生懸命、直立不動で」

そこで、言葉はひととき途切れた。

三國が黙ってしまうと、一階のキッチンの方から、がたんとかぱたんとか、忙しそうな音が聞こえてくる。

私は、彼がまた話し出すのを待っている。ずっと待っているつもりだったのに、つい言ってしまう。おなかが空きませんかと、その場しのぎに。

三國は、それが合図だったかのように、ふたたび話し始めた。

「非常に単純な言い方をすれば、僕は何とかして、何がなんでも、生きて帰りたかったということでしょうか。

犠牲になった人には申し訳ないけれど、生きたいという感情は、誰の心にもあるんじゃないかと思います。

戦地での思いは、頭の中で構築したものではありません。僕は赤ん坊のように、ただ感じていた。『危険だ』と、シグナルを受け取っていたんです」

それはもう、本能としか言いようがないのだと、彼は言った。

だから、三國は病気になった。生き抜くために、落伍の道を鉄の意志で選択した。

彼の命は彼のものだった。

三國が後送されたのは、揚子江近くにある日本軍が接収した校舎だった。

そこには一応、「川端分院」という名前がついていて、負傷した兵士が大勢運ばれてくる。まるでぐったりした荷物のように、トラックに乗せられていた。

彼らのほとんどは重傷を負っていた。しかし、そこは外科医はおろか、内科医さえいない、粗末な野戦病院にすぎなかった。

「分院に居たのは、歯科専門学校を出て、軍で特訓を受け任官してきた軍医です。だから、十分な手当てができない。多くは死んでいきました。

僕はそこで、使役の手伝いをしていたんですが、負傷兵を担架で運ぶ際、彼らの叫びを聞きました。

今も、頭にこびりついて離れないのは、『お母ちゃん』という言葉です。まだ若い兵士は、そう叫んで死んでいきました。ほかの兵士が叫んでいたのは、おそらく女房、子どもの名前ではなかったかと思います。

三か月ほどいましたが、『天皇陛下、ばんざい』と言って死ぬ兵士は、一度も見たことがありません」

負傷兵は、最前線では、日本兵の死骸が二重、三重に重なっていること、どこを攻めても、敵が待ち構えていることを語る。

「戦場は、死体の山だと聞きました。犠牲者を踏み越え、踏み越え前進し、また新たな犠牲者を生む、悲惨な状況だったようです。

僕はあとになって、戦争をテーマにした映画に、何本か出ました。全部、否定的な視点から描いた作品です。肯定的なものには出たくなかった。

『異母兄弟（一九五七年、家城《いえき》巳代治《みよじ》監督作品）』という作品に登場する高慢な軍人を、僕は犯罪者だと思って演じました。

いかに上からの命令であったとしても、多大な犠牲者を出したこと自体、犯罪と見ていいんじゃないでしょうか。彼らはまさしく扇動者だったのですから」

三國はとても静かに、辛辣《しんらつ》な言葉を連ねてゆく。

彼は骨の髄まで、暴力を嫌っている。自己は決して曲げないくせに、人と諍《いさか》いになることも好きではなかった。

「誰かに一、二発殴られても、僕は抵抗しません。反撃を含めて、暴力は愚かだと思います。何の解決にもならない。

戦争にしても、もっと平和に、犠牲者を出さない方法があったのではないでしょうか。特定の人たち、つまり、高い地位にあった人たちは、縦の線で反省をしているのかも知れませんが、あまり戦争に触れませんね。

それは、自らの余罪みたいなものを引きずることになるからじゃないか。自分を痛めつける結果になるのが嫌なのではないかと、僕は思っています」

忍びがたきを忍び、戦争は一九四五年八月に終わる。無条件降伏がすべてを物語っていよう。日本には、もう術《すべ》がなかったのである。

三國が戦地を引き揚げたとき、出征時、千数百であったはずの兵士は、わずか三十人ほどに減っていた。

「中国からは、船で帰国しました。洋上にいる間は思わなかったんですが、佐世保に着いた途端、まるでそこが油地獄のように感じました。港の凪《な》いだ海が、一面、油で満たされているようで、上陸するのが怖かったのを覚えています」

夏の太陽が照りつける海は、ぎらぎらと眩しく揺れていた。陽の光は、前と何ら変わっていなかった。しかし、日本は変わっていた。めちゃくちゃに壊れていた。

三國に尋ねる。「必ず、生きて戻る」を果たしたのち、彼を怯《おび》えさせたものの正体。

「どう表現すればいいのか……。まあ、当てもなかったですし、その後どうなるのか、見当もつきませんでしたからね。

　両親が元気でいるかってこともわからなかった。僕は静岡に着いてみて初めて、親父が二号さんと一緒に暮らしていると知ったんです。

　おふくろは、僕の妹と弟を抱え、山の中で周囲から米を貰い、毛虫のように暮らしていました。疎開という名目で追い払われ、物置のような場所で」

　地獄は敗戦で終わったのではなかった。覚めない悪夢が続いていた。

　崩壊した国は、容易に死を想起させる。そんな耐えがたい絶望の中に、兵士たちは帰ってきたのである。

　引揚援護院から、行き先を決めない切符を貰い、三國はまず広島に向かった。

「汽車の窓から見えたのは、焼け野原でした。佐世保も博多もみんな焼き払われていて、改めて、日本は負けたのだと実感しました」

　そして、広島。長崎とともに原爆を落とされた千辛万苦の地。

　そこで、彼はこんな光景を見る。

　川のそばの階段に、人の姿が焼きついている。亡くなった人の影が黒く、そのままの形で残っている。

　その話をするとき、三國は身振り手振りを加えた。椅子の位置を変え、身体の向きを変え、

「こんなふうなんです。こういう格好のままでした」

と、珍しくうわずった声で、感情的な言い方をした。

「いったい、これは何だと思いました。そんなことが本当に起きたとは、にわかに信じられませんでした。あれは、人の脂だったんでしょうか。僕には今でもわかりません」

以前の景色は、すべて失われていた。遊郭があったはずのところへも行ってみた。

「薬を買いに」走った場所だ。

そこには、見渡す限り、一軒の家もなかった。どこまでも焦土が続いていた。蒸発したように、何もかもが消え去っていた。

「これが、戦争なんだと、教えられた気がしましたね」

その場所でも太陽は輝いていた。明るく陽が差していた。しかし、そこに光はなかった。一片もなかった。

安住の地はどこにあるのだろうと三國は思った。

寄る辺のない頼りなさを抱え、彼は静岡行きの汽車に乗る。汽車は、奔放で野放図な人生へ、彼を戻そうとしていた。戦地に赴くまで、三國はたしかにそんな生活を送っていたのだから。その日暮らしの危うい橋を渡って生きていたのだから。

しかし、彼には別の、成功への行程がきちんと用意されていた。

二十八歳のとき、三國は役者になる。そこから、長きに渡り、栄誉と賞賛を受ける。

でも、そのことは、まだ誰も知らなかった。

書斎で、私たちはほとんどの時間を割いて、戦争について話した。

ほとんどというのは、三國の話が逸れるからなのだが、その逸れた話もまた、とても興味深かった。

たとえば、出征前に住んでいた大阪を、彼はこんなふうに振り返る。

「その頃、僕は浮浪者をしておりまして」

彼は、それをまったく恥じていなかった。むしろ過去を懐かしみ、面白がっているように見える。

「僕らの時代には、自虐というか、がむしゃらに自分を痛めつけながら、生きている人間が多かった気がします。

気障《きざ》な言い方ですが、自虐は、僕の人生の大部分じゃないかと思うんです。断崖絶壁から滑り落ちる瞬間を、必死でこらえている。そういう感覚で僕は生きてきたし、今でもそんなふうに生きている。そんな生き様が好きなんでしょうね」

それから、神社の境内で過ごした月日、縁の下で眠った夜、最初の妻と知り合った午後などについて、彼は語る。

最初の妻は、召集令状が届いたのち、共に逃げた女性だ。

彼らの出会いと別れは、戦争に深く係わるが、戦後の三國には一切関係がなかった。

復員した彼は、母親や妹、弟と暮らした。

「親父は、下田で『新婚生活』を始めていましたので」

両親の別居や愛人の存在に、三國は傷つかなかった。ただ、毎日、しつこく見回りにやってくる警察には苛立った。

「復員軍人は、警戒の対象でした。生還を喜ぶ雰囲気はまったくなかった。むしろ、白い目で見られていました。何をしでかすかわからない存在として、監視されていたんです。

僕らは、何のために、戦争に参加したのだろうと思いました。本当に、なぜ、あそこに行かなければならなかったんでしょう。国のために、犠牲になった二百万の若い命はいったいなんだったのか」

彼の話は、そこで終わった。

少なくとも、戦争については、それ以上は続かなかった。もう、話したくないようだった。

ただ、私たちはその後もずっと話し続け、何度も笑った。

主にしたのは、恋愛や芝居の話だったけれど、作家、水上勉《みずかみつとむ》氏と遊び歩いた日々のくだりは、最高に面白かった。

笑わないでいた時間を取り戻すかのように、ふたりで、なんだか真剣に笑った。水上さんは
「いろいろと教えを乞うたのですが、あの人はとんでもない嘘つきでした。水上さんほど、遠慮なく自分を傷つけている人って少ないと思います。

僕が知っている中では、面白い人でした。とても、人間的でね。

ただ、周りはたいへんだったでしょう。傷ついた女性が大勢いたんじゃないですか、ああいうタイプと付き合うと……」

という話のあとで、私は、

「まるで、三國さんのようですね。よく似ていらっしゃる」

と笑う。

「そうかもしれません」

と彼も笑う。

リビングに降りてから、三國の妻に訊かれる。何をあんなに笑っていたの？　戦争の話をしていたんでしょう？

私が、それ以外の話がとても可笑しくて、と答えているときも、彼は妻が淹《い》れた熱い日本茶を飲みながら、笑っていた。

三國連太郎は、人生のほんのひととき、殺し合いの場にいた。それは、もうずいぶん

昔のことで、実際、普段は思い出しもしない。

しかし、「愚劣なもの」の記憶は、彼の中でまだ静かに火照《ほて》っている。

三國は、覚えている。墓に潜んだ夜や死にゆく兵士の叫び、海を覆い尽くし、ぎらぎら光る油地獄を。言うまでもないが、忘れたくても忘れられないことは、誰にだってある。三國にしても同じだ。

第三章　父のこと、母のこと

「グレース・ケリーがいいですね、僕は」

あまり考えることなく、三國連太郎は言った。

彼は小さな椅子に座り、小さなテーブルの上に置かれた、小さなおしぼりで手を拭いたところだった。

二〇一〇年の春、私たちは少し風変わりな店にいる。

「どんな」と訊かれても、答えにくい店だ。狭い戸口を入ると、すぐに短く細いカウンターがあり、カウンターの前にテーブルが三つ、壁にぴったり寄せて置かれている。

新しくはない。古くもない。外見はスナックそのものだが、スナックでもなかった。

テーブルだけを見れば、蕎麦屋のようでもある。しかし、店が出すのは家庭料理だ。旬の素材を使っている。

三國夫妻は、ときどきそこへやってきて食事をした。はじめて誘われたとき、妻はこんなふうに言った。三國がモンローハウスと呼んでいるお店に行かない？　普通のお惣菜なんだけど、すごく美味しいの。

店は、若者に人気の街にある。ただし、熱気や喧騒からは離れたところだ。店の壁にはモノクロのパネルが掛かっている。そのすべてはマリリン・モンローだった。モンローは服を着ている。一枚は「ナイアガラ」のころだろうか。髪形になんとなく覚えがあった。

私は三國に尋ねる。マリリン・モンローとソフィア・ローレンとイングリッド・バーグマンとグレース・ケリー。四人のうち、誰がお好きですか。特別な意味はなかった。それまでの話の延長のようなものだ。

イタリアの古い映画、「ひまわり」の話は何から分かれたものだったか。マルチェロ・マストロヤンニの話をした。恋多き男と女の話のあとだ。

フランスのシャンソン歌手、エディット・ピアフの話もした。その前は、たしか芸の肥やしについて話をしていた。

三國は三度目の離婚の元となった恋を、

「あれは勉強でした。はじめは、役者として必要だった。でも、突きつめていくうちに、これは人間として必要欠くべからざるものだと思いました。

僕はのどかさを恐れます。ときめきが薄れたら、男と女は終わりです。離婚になっても仕方がなかった」

と言った。まじめな顔をして、当然のように言った。

彼は恋を多くした。

恋は半年続くこともあれば、一夜で終わることもあった。

その相手のひとりに、肉感的な女優がいた。彼女の薄幸な人生が、モンローと重なる気がして尋ねたのである。

でも、彼は迷うことなくグレース・ケリーを選び、ゆっくりと日本茶を飲んでいる。

その湯呑も小さくて、三國の大きな手をさらに大きく見せていた。

三國連太郎の住まいは、瀟洒《しょうしゃ》な豪邸である。そうした家屋の多くがそうであるように、閑静な住宅街に建っている。

住まいは彼の好きなもので満たされている。高級な家具や装飾品も彼が気に入ったから、そこにある。同じ理由で、手のひら大の仏像も置いてある。愛らしい顔をした仏像は、ずっしりと重い。三國は、それを散歩の途中に百円ショップで買った。

訪ねたとき、彼はオットマン付きのソファに、深く腰掛けていた。

足元のラックには、読みかけの本が積まれている。読書用のランプも、すぐ手の届くところにある。そして、テーブルにはいつものように、温かい飲み物が用意されていた。

彼がこの心地よい住まいで寛げるようになるまでには、ずいぶん時間が掛かっている。

もし、三國が仕事や家庭、あるいは人生に安定や安息を求める男だったら、彼はもっと早くに「安寧」を手にしていたに違いない。

しかし、彼は異端に徹して歩く。貧しさや孤独を恐れたことはない。権威がどうにも嫌いだ。匂いがしただけで逃げ出したくなる。

ある時期までは、でたらめに生きた。真っ赤な嘘を、果てなく重ねた。

女性と別れるときには、持てるすべてを残した。ために、名を成してからも、しばらく四畳半一間で暮らす。それで何も困らなかった。

「僕はどんなときも、自分の目線で生きていたいと思っています。自分を曲げてまで、相手の機嫌を取りたくないんです。

だから、恋愛でも、去る人を追おうとは思わない。そもそも、そういう情がないんですよ、僕の中に。飽きっぽいのでしょうか。

僕には、非常に個人主義なところがあります。

極端なことを言うようですが、僕は自分自身の肉体があればそれでいい。お金もいりません。欲しいと思わない。金銭的なものは、自分に弱さを引きずりこむ要因ですから。

人にはねじ曲がっているように見えても、僕は僕の道しか歩けない。気障な言い方ですが、困難な道をゆく勇気だけは忘れたくありませんね」

彼は不器用だが、一方で、とてつもなく器用でもあった。彼は決して、深く傷を負うことがない。それ以上の傷をもう抱えているからだ。

三國が現実に生きている世界と、底辺に生きざるを得なかった遠い過去とは、夢のように違っている。今、目の前にいる、仕立てのいいシャツを着た、脚が長く、血色のよい稀代の名優は三國であって三國ではなかった。

まるで氷山のようだと、私は思う。

彼は、どんなに孤立しても平然と生きてゆくだろう。波間に暗く沈んだ部分は、鋼のように強かった。

それはある意味、彼の誕生以前から、彼が背負わされていた宿命である。幼いころから、彼の持ち場は、反骨と反逆と奔放と定められていた。それが、表には出ない三國の氷山だった。


三國連太郎が生まれた太田市は父の勤務地で、両親は静岡県の出身であった。

彼らは一九二二年十月、静岡沼津の港で出会う。母は広島から故郷に帰る途中で、父は群馬から実家のある伊豆、松崎に帰省するところだった。

しかしその日、海がしけて船が出なかった。彼らは汽船の発着所で、夜を徹して語り合った。そして、翌朝、結婚することにしたのである。

三國は静かに笑って、

「まるでドラマのようでしょう」

と言う。でも、本当はまだドラマは始まっていない。これからだ。三國は話し続ける。まず、母のことから。

「おふくろの家は、下田から二十キロほどの子浦というところにありました。わりと大きな網元を営んでいたらしいのですが、没落しましてね。それで、おふくろは十四、五歳のときに年季奉公に出た。

まあ、早い話が、二百円くらいの金で売られていったんです。そういう時代でした」

奉公先は、広島県呉市の海軍軍人の家だった。だが、彼女は十八歳になったある日、帰郷を命じられる。追い払われるように、呉から汽車に乗る。風呂敷包みをひとつ、持っていた。そして、おなかには赤ん坊がいた、らしい。

「両親が知り合ったのは十月。僕が生まれたのは一月。計算がぜんぜん合わないでしょう。ずいぶん、早産なんです。

親父の子だとすると、僕は四か月で産まれたことになる。事実、戸籍でもそうなっています。

かなりの未熟児だったはずですが、僕はとても成長がよかった。まるまると太っていたそうです」

三國の妻によれば、三國は父親にはちっとも似ていない。母親にはとてもよく似ている。

母は目が大きく、彫りの深い顔立ちで、当時としては珍しく、身長は百六十五センチもあった。

三國の身長は百八十センチを超える。顔はやはり彫りが深い。

「実は、母方の祖父はブルーグレイの目をしていました。『変わった色の瞳だなあ』と思ったのを覚えています。

網元だったころは遠洋漁業に出ていましたし、子浦には海が荒れて航行できないとき、外国船がよく停まっていました。そんな関係で、どこかで血が混ざったのかもしれません。昔のことで、よくわかりませんが」

三國から両親の話を聞くのは、これが初めてではなかった。

三國は六十代のころ、杉並区のマンションに住んでいた。その居間でも、唐突にカフカか誰かの話を始めた。青森出身の酒好きな焼きいも屋の話もした。そんな調子で、彼は母の話もする。

「呆けたおふくろを背負ったとき、薄い寝間着を通して伝わってくる体温が震えるくらい嫌だった。鳥肌が立った」

それからも、暗示のようにわずかに、彼は父や母の話をした。あるときは嫌悪を隠さなかったし、あるときは感謝を口にした。その矛盾性はいかにも三國らしかった。

震えるくらい嫌だった理由については、聞いたことがなかった。だから、この日は訊く。

三國は少し考えて、言葉を選ぶように話し始める。何も隠さない。それは何も怖がらないことに似ている気がした。

「あれはおふくろの体温に、初めて直に触れた瞬間だったと思います。薄い浴衣で寝ている母を洗面所に連れて行ったときでした。背中におふくろの乳房があたっていました。そのとき、何と言えばいいのか、女の温もりみたいなものを感じたんです。ああ、僕は、この身体の中から生まれたのだと思いました。分身とか血縁とか、切っても切れない親子の関係というんでしょうか。なぜ、嫌悪を感じたか……、うーん、嫌悪というより、『この人のような一生は送りたくない』という思いですかね、正確に表現すると」

彼女の側面は、間違いなく三國のどこかを壊しただろう。母の存在は、「僕の中にある女性不信」と関連が深いと、彼は話した。

私は言った。

「女性不信でいらっしゃるのですか？　三國さんとお付き合いされた方が、男性不信になられたのではなくて」

三國は面白そうに笑いながら、言った。

「大きな声では言えませんが、僕が女の人を次つぎに代えるのは、飽きるんじゃなくて、おふくろを思い出すからかもしれません」

三國の話には、独特のおかしみがある。そうでなければ、とても聞いていられない。重すぎる。


海の荒れた一夜に、若い男女が何を語り合ったのかはわからない。

三國はさまざまに思う。でも、よくわからない。だからか、どこか距離を置いた話し方をする。

「おふくろが僕を身ごもっていたのは、たぶん、間違いないと思うんです。それを隠して、親父と一緒になったのか、それとも、すべてを打ち明けて一緒になったのか。

親父は気風のいい男でした。おふくろは肉感的な女で、とても十代には見えなかったと聞いています。

あの夜、親父はおふくろの身の上に同情したんでしょう。もちろん、好意も持った。で、ふたりで群馬に戻り、しばらくすると僕が生まれた。そんなところですかね」

三國は自身の出生についても、両親に尋ねていない。

自分が誰の子であるか、どんな血が流れているかには興味がなかった。現実に彼は誕生し、存在している。ただそれだけが、真実だった。

「小学校に上がる前だったか、広島からおふくろを訪ねてきた人がいました。僕が土肥《とい》に住んでいたころです。

その辺りではちょっと見ないような、立派な背広を着た男性でした。僕を引き取りたかったようですが、おふくろに断られて帰って行きました。

もしかしたら、その男性が僕の本当の父親だったのかもしれません。そう思ったことはあります。今となってはどうでもいい話ですがね」

もしかしたら、それはどうでもいい話ではなかったかもしれないが、もう済んでしまった話ではある。

三國はかつて、父についてこんなふうに言っていた。

親父は、僕のために危険な職（電気技師）に従事し、僕に教育を受けさせようとした。そうすることで、「まっとうな」職業に就かせたいと願った。人に後ろ指をさされないような人間にしたかった。僕が本当に親父の子ではないとしたら、感謝を忘れてはいけない。

だが、最近は違う。僕はこれまで、親父に勝る親父に会ったことはない。

とくに、ここ数年は「暴力的だった」話がいちばんに出てくる。

「中学のころは、めちゃくちゃでした。親父は僕を追いかけまわし、僕は逃げまわる。結局はつかまって、完膚《かんぷ》なきまで殴られました。親父は自分が無学で苦労したので、どうしても僕を旧制中学に入れたかった。僕もいったんは入学しました。成績も悪くなかった。百人中、二番だったことがあります。でも、学校へは、二年のときに行かなくなりました。教育を受ける意味が見出せなかったんです。僕は差別されていました。教師は完全に僕を無視しました。僕はいないも同然の存在でした。

それで、学校自体が嫌になってしまった。もういいやと思いました」

しかし、そこから、父の凄惨《せいさん》な暴力が始まる。

三國は伸ばしていた足を下ろし、正面を向いた。手ぶりを交えて説明する。

「ペンチをこう振り上げて、男泣きに泣きながら殴るんです。何度も。この人、おかしい。気が狂っているんじゃないかって思いました。

もちろん、頭は血だらけです。ほら、ここ。ここに、まだ痕《あと》が残っているでしょう」

傷痕は、頭だけではなかった。太ももにもある。銅線で作られた火箸の突き刺さった痕だ。

三國の口調に、嘆きは感じなかった。彼は亡き父の思い出を語っている。ただ、それだけだった。

三國の父は長い間、あらゆる痛苦に耐えながら、権力と闘い続けた。それでも、徹底した差別から逃れられなかった。

強いられた底辺で、父は酒を浴びるように飲んだ。思い通りにならない息子を、鬼の形相で殴った。庇おうとする妻は情け容赦なく蹴った。

修羅場だった。

命が懸っていた。

狂気は、どん底から這い上がろうとする魂の咆哮《ほうこう》だ。そこに救いはあったか。いや、破壊あるのみ。

「怖かったですよ。恐ろしかった。あのころは、親父を父だと思えませんでした。自分はきっと、他の誰かの子だろうと思っていました。暴力への憎悪が、そんなふうに思わせたのでしょうか」

その絶望がどれほどのものか、私にはわからなかった。しかし、三國は平然としている。言葉に、感情の揺らぎは感じられない。声が震えることもない。凄絶な暴力を加えられても、彼は狂わなかった。

三國は話を続ける。

「親父はたいへん貧しい家の生まれでした。父方の祖父は、棺桶とか風呂桶を作る職人をしていました。小学校を卒業後、親父もしばらく家業を手伝っていたようです。当時は、死にまつわる職業が『穢《けが》れ』とされていた時代で、家は村落から一軒だけ離れて建っていました。屋号は、『間屋《あいだ》』と言いました。

寺の檀家になれなかったので、墓所もありません。だから、祖母が死んだときには、自分たちだけで弔《とむら》った。

親父が作った棺桶に亡骸《なきがら》を入れ、河原にあった露天の焼き場で焼きました。遺骨は穴を掘って埋め、目印に石を重ねた。それが墓です。

親父は死ぬまで、自分たちが受けた差別について、いっさい語りませんでした。だから、僕は何も知らなかった。でも、そのときは幼心に思いました」

なぜ、河原なんかで、ばあさんを焼かなくてはならないのだろう。どうして墓に入れないのだろう。僕らは差別されている、とはじめて。

「僕は人生において、落ち込んだことがありません。くよくよと悩むタイプではないんです。

だけど、ばあさんが死んだ日、僕はとても傷つきました。河原の風景は、目に焼き付いています。忘れられません」

三國連太郎原作、監督作品で、第四十回カンヌ国際映画祭審査員賞を受賞した「親鸞

―白い道」に、こんなシーンがある。

病死した幼い少女が、荒れた河原で焼かれる。燃える火の近くで、やはり幼い少年が石を積んでいる。少女には墓がない。少年が積んだ石が彼女の碑なのである。

それは、三國の記憶に残る光景ではなかったか。父が味わった辛苦は、息子のものでもあった。

殴られた話を聞いたあと、三國が、

「だけど、毎日がペンチだったわけではありませんよ」

と言うので、私は、

「当たり前です。毎日、ペンチなら亡くなられています」

と応える。三國は、はははと笑う。気持ちのいい午後だ。

私たちは、熱いコーヒーを飲み、オレンジピールの入ったチーズケーキを食べている。

妙なことに、彼の話は時間が経つほど、力に満ちる。よりクリアになり、笑うことも増える。だから、午後が夕方になり、夜になっても、その日は気持ちのいい日のままだった。

「あれは、小学三年のころでした。おふくろはまだ、僕にはわからないと思っていたようです」

彼はまた話し始める。なぜ、彼が女性不信になったのか。

「そのころ、家には母の友人が集まってきていました。そこで一緒になって、際どい話をするんです。男女の交わりのこととか……、簡潔に言えば猥談《わいだん》です。僕は聞いていないふりをして、聞いていました。

けっこう、衝撃的でしたね。普段は優しい母が、笑いながら生々しい話をしているんですから。

僕の頭の中には、そういうものが断片的にこびりついてしまっている。そこから、ある種の女性観ができあがったような気がします。

僕が女性を信じきれないのは、そうした土壌と無関係ではないと思います」

幼い三國の受けた傷は、思いのほか深かった。しっかり脳裏に刻印されてしまう。たとえば、彼は小説でも映画の演出でも、女性をうまく描けない。性描写に必ず行き詰る。母を思い出すからである。

「描こうとすると、どうしても過去が視覚的によみがえる。あまり思い出したくないことが、です。僕はそれを否定しようとします。そうすると作品はだめになる。嘘くさい、きれいごとになってしまうんです」

一方、小説でも映画でもない現実の彼は、とても「おませ」だった。早くに女性を知った。成長してからは、むさぼるように恋に落ちた。

三國は恋に、永遠の刹那《せつな》を求める。ゆえに、彼には常に新しい誰かが必要だった。さらに、その関係において、彼はどこまでも自由でなければならなかった。

どんな些細な束縛でも、三國には耐えがたい。彼の恋は、彼の人生そのものである。奔放で破滅的で、強烈な自己がある。

また、三國ほどではないが、彼の父も女性から女性へと渡り歩いた。愛人も何人かいた。おみっちゃんとかおよしさんとか。みんな花柳界出身の女性だった。

「親父がおふくろを棄てたのは、第二次世界大戦のさなかです。終戦後、僕が中国から帰国したときには、もう別の女といました」

母の居場所を訊き、彼はそこへ向かった。父の家には一歩も足を踏み入れなかった。勧められた茶も断り、約二十キロの道を歩いた。

「おふくろは疎開という名目で山に追いやられ、僕の妹や弟と一緒に、まるで毛虫のように暮らしていました。

親父とおふくろは、それきり、元にはもどりませんでした。親父は死ぬまで、およしさんと一緒におりました。

およしさんは岩手の出で、色白の美人でした。貧しい生まれだったらしく、まだ若いころに花柳界に売られたのだそうです」

三國の父は、母と離婚はしなかった。毎月かかさず仕送りもした。三國の母や妹が山を降り、受け取りに行くこともあった。

そんなとき、愛人は土間に金をばらまき、拾わせた。母は生きるために、歯を食いしばってそれを拾った。家を出てから、言った。およしの奴、許さない。

彼女は、息子が殴られているときには身を挺《てい》して庇ったが、夫にただ殴られていたわけではない。夫婦喧嘩のたびに、彼女は剃刀《かみそり》を振り回した。喧嘩の理由には、「女性」も含まれていたろう。

三國は言った。

「およしさんは、長く水商売にいましたから、男を掌に入れて転がすのがうまかったんじゃないでしょうかね。

同じ売られたのでも、おふくろは女中奉公あがりですから、そういうテクニックは、まったく持っていませんでした。僕には、親父がおふくろを棄てたわけがわかる気がします」

三國連太郎が役者になるのは、二十八歳のときである。

いきなりの主役に、当時の新聞はこぞって書いた。彼ほど幸運な映画俳優は珍しい。

また、デビューに際しては、こんな経歴も用意されていた。旧制静岡高校理科、大阪大学工学部卒業。

彼は、虚像の世界とはこんなものかと思った。創られた過去を、あえて否定もしなかった。

「映画は食うためでした。食えなければ辞めていたでしょう」

そののち、いくつかの紆余曲折があったものの、彼は完全な成功を収める。栄誉を手にし、裕福になった。

「親父はそれなりに嬉しかったようです。仲間に『俺の息子は三國連太郎だ』と自慢したりしていました」

息子の活躍を喜ぶ父は脳梗塞を患い、右半身が不自由になっていた。三國は父を修善寺にあった温泉病院に入院させる。むろん、費用のすべてを負担した。

「親父には、およしさんがずっと付き添ってくれました。しもの世話までしてね。だから、僕はおよしさんに感謝しているんです。ありがたかったと思います」

そんな生活は十年ほど続いた。いよいよ死が近くなったころ、父は息子を呼んで、いくつかの古い証書を見せる。

「全部、借用書でした。親父はおふくろの家の借金をすべて肩代わりしていました。貯金をはたいて、おふくろの身をきれいにしてやったんです。そんなこと、僕はまったく知りませんでした」

死の床で、父はそれらをすべて破き、燃やした。心の芯が安らいだような顔をしていた。そして、言った。

「もう、思い残すことはない」

彼の最期を看取ったのはおよしだった。彼女はそれから故郷の岩手に帰り、数年後に亡くなる。彼女もまた、薄幸の人だった。

一方、三國の母は成功した息子に引き取られ、何不自由なく暮らした。ただ、「三國連太郎」としてのわが子に、父ほどの興味は見せなかった。

彼女は息子を、「お兄ちゃん」と呼び、「まるで亭主のように」扱った。「馬鹿がつくほど」優しかった。

「妹ふたりと弟の面倒も僕が見ました。年がずいぶん離れていますので、完全に父親代わりです。

学校に入れ、嫁に出し……、いろいろありました。でも僕はそれを負担に思ったことはありません。親父が産ませっぱなしで放りだしたから、引き継いだだけです。

それはね、愛じゃないです。自分の責任だと思っています。

先に生まれた僕は、肉親の情をひとりで享受してきた。その分を、あとに生まれた者に返さねばならんということです。それに僕が面倒をみなければ、人に面倒をかけるだけですからね。他に押し付けるわけにはいかないですよ。

リレーと同じだと思います。親父から引き継いだバトンを僕は持っている」

愛ではない。愛ではない。愛ではない。家族を語るとき、三國はいつもそう言った。

彼の母が亡くなったとき、三國は仕事で北海道にいた。危篤の知らせを受けても、帰らなかった。

「病名は、親父と同じ脳梗塞でした。認知症のような症状もありました。同居をしていたときは、しもの世話も僕がしていました。でも、あの温もりを感じた日以降はできなくなりました。あの感触だけは、本当に何とも言えなかった。嫌でした。だけど、おふくろのことは、かわいそうな女だったと思います。不幸な生い立ちでね。ずっと、僕のことを庇ってました。自分がどんなに殴られてもかまわなかった」

三國は話しながら、それまで見たことがない顔をする。少し寂しそうに見える。

でも、それは絶対に愛ではないのだ。

第四章 「五社協定違反第一号俳優」

二〇一〇年秋。

八十七歳の三國連太郎は神戸にいた。

本願寺神戸別院、モダン寺と呼ばれるインド仏教様式の美しい寺に招かれ、大勢の聴衆の前で話をしている。

たとえば親鸞聖人について。出演した映画について。自身の生き方について。

三國は誰かに何かを語るとき、緊張はしない。でも、ふだんよりはずっと言葉数が減る。

彼は基本的にひとりでいるのが好きだったし、どちらかと言えば、話すことはあまり得意ではなかった。

それでも、聴衆は熱心に耳を傾けている。真剣な話にはまじめな顔で頷き、おかしなエピソードには面白そうに笑った。

前方の列では、カメラのフラッシュが続いて光る。誰かの携帯電話が鳴る。三國は、それを気にも留めなかった。何かを考えているときや、しようとしているとき、彼は周りが見えなくなる。昔からそうだった。

彼はとにかく、自らのペースでなければ歩けなかった。わずかでも違えば、どうにも居心地が悪かった。

「自己をきちんと通そうとすれば、多方面に軋轢《あつれき》が生じます。社会には、僕を悪く言う人もたくさんいるでしょう。でも、僕はそれでいいと思っているんです。批判や中傷を恐れたことは、今日まで一度もありません。むしろ、人生に余裕を感じることのほうが、僕は怖い。恐怖感を持ちます。

生意気なようですが、現代には、創造的な狂気が足らないんじゃないでしょうか。苦しみの中をのたうちまわりながら、自身と対峙していかないといいものはできない。安住してしまったら、役者はそこでお終いです。

僕はこれから、もっともっと泥だらけになりたいと思ってます。そうでないと、自分がだめになる気がするんですよ」

実際、彼はそんなふうに生きてきた。

優先すべきは常に役者、三國連太郎。他の誰かではない。恋も、愛もそうだ。演技に必要か否か。それがすべてだった。

モダン寺の壇上には、スポットライトが当たっている。橙色をした暖かい光だ。白いクロスの掛けられたテーブルに、赤や黄の花が飾られている。

三國の視線はそのあたりをゆっくり行き来していた。もっと下に落として、膝の上の手を見たりもする。

聴衆、少なくとも前列の人たちは、壇上にいる大柄で白髪の、高名な俳優だけを見ている。ほとんど目を離さない。腕時計さえ見なかった。

彼らは、まるで古い友とでも会っているかのようだった。なにしろ、三國はもう百七十八本の映画に出ていたし、テレビやCMにも多く出演している。

さらに、この日の聴衆は比較的年齢層が高く、帝国軍人や武士を演じた、若き三國を覚えていた。二十年続いたシリーズの「スーさん」についても、よく知っていた。

ただし、それは彼らに限らなかった。

異人館を訪ね、旧トーマス邸（この邸の暖炉は、三國の別荘のものと少し趣きが似ている）に入ったときにも、南京町でも、通りすがりの人々は三國を嬉しそうに見た。

若いカップルや観光客らしい婦人や、中華料理店から出てきたエプロンをつけた男性は言った。

スーさんだ。あら、三國さんがこんなところに。いつも見てるよ。「こんにちは」と、たくさんの人が言った。

彼らはやはり、聴衆と同じようにカメラや携帯電話をかまえる。写真を撮る。たぶん、それは、三國のような立場の人間と出会った場合にやるべきことのひとつなのだ。

三國は、司会の女性から尋ねられ、聴衆から寄せられた質問に答えている。

「いえ、『釣りバカ』のときの魚は、スタッフが用意したもので、釣り上げたのではありません。それに、僕は実は釣りが嫌いでして」

人々はどっと笑う。

モダン寺で、彼らは一時間近くをそんなふうに過ごし、三國の話が終わると大きな拍手を送った。壇上を去ろうとしている老優に向け、名残惜しそうに少し長く。

三國連太郎は、役者になることにのみ、懸命であった。「人として」よりも「役者として」の自身を追求してきた。そして、その過程において、普通、人が絶対にしないようなことを、わざわざ選んでした。

「僕はエゴイストですから、失敗するのが嫌なんです。自分が納得するまで、とことんやります。

それでも、満足できたことはありません。達成できなかったという、後悔ばかりを積み重ねてきました。

演じているときは、絶えず『違う』という声を聞きます。常に自問しています。どこかに、何かを置き忘れているんじゃないかってことを。

頭が悪いせいでしょうか、僕には、いまだわからない。なぜ、『違う』のか。それを探すために、役者を続けているんじゃないですかね。

おかしな譬《たと》えかもしれませんが、棒高跳びのバーを跳ぶのではなくて、下をくぐってもいいから、越える努力をしてみたいんです」

八十七歳の三國は、ほんの数年前まで持っていたある種の「若さ」を失っている。疲れるのも早くなった。血の熱さが薄れている。すぐに眠たくなる。

私がそれを意識したのは、三國が二〇〇九年に心筋梗塞の手術を受けてからだ。病名告知の前、彼はこんなふうに言っていた。

「医者がまじめな顔で、家族を連れてこいって言うんですよ。なんだかドラマにありそうなシーンでしょう。きっと、どこか悪いんだと思います」

その口調こそ、ドラマのようだった。

彼は、まったくがっかりしていなかった。

食欲もあったし、日課の散歩も続けていたし、顔色も悪くなかった。何より、平然としていて、言葉に力があった。

でも、やっぱり彼は病気で、カテーテルによる手術を受けたのだった。術後、三國は顔色がさらに良くなり、指先あたりまで、つやつやになった。そのかわり、以前とは変わった。はっきりと違う。彼の言葉には、焦燥が混じっている。それはある意味、とても人間らしかった。

「近頃は、毎日、明日のことを考えています。明日というのは芝居のことです。老いを感じるからではなく、老いを感じたくなくて、運動をします。僕の身体は、今どんな動きをするのだろうとテストするんです。肉体的な限界は知っておくべきだと思いますが、僕は、役者としての人生を清算したくない。今の自分にしかできない役があるとも信じています。人間関係には、なにひとつ未練はありませんが、演じることには未練たらしく生きていたいですね。なにも諦めていません。希望を持っています。呑気なようですが、心が燃えるような、生きがいになるような脚本が来てくれないかと待っているんです」

三國のところには、たくさんのオファーが寄せられていた。

やはり、毎日「明日」しか思えない人は、撮影所にいるほうが幸せになれる。広くて、暗くて、埃っぽい、倉庫のような場所。強烈で強引な光の中に、分厚く肌を塗り固めた男女が浮かび上がる場所。そこが三國のいるべき場所だった。希望はそこにしかなかったし、何より、彼は三國連太郎なのだから。

三國のデビューは、木下惠介監督作品、「善魔（一九五一年）」であった。

役者になったきっかけには、諸説がある。直接、「事実」として聞いたのは、「銀座を歩いていたら、偶然スカウトされた」と「鳥取に住んでいたとき、松竹の新人募集に近所の写真屋が勝手に応募した」の二説である。

あるときは前者、またあるときは後者という具合に、三國は話す。

銀座説のときは「バーに勤めていた女のところに居候していた」し、鳥取説のときは「結婚していた」のだから、たいへんわかりにくい。

一九五一年からの関連資料に目を通すと、フランスの二枚目ジャン・マレーに、上原謙を少し足した好男子だったのは理解できたが、きっかけに関しては、もっとわからなくなった。なぜか、それぞれ微妙に違っているのである。

ただ、後者の「事実」の後、松竹から連絡がいき、神奈川県大船にあった撮影所でカメラテストを受けて合格したというのが真相のようである。

また、デビュー当時、独身と発表されているが、実際には鳥取に妻子がいた。バーの女性についても、おそらく事実だろう。彼はとにかく、女性に不自由していない。「浮浪者をしていた」という時期でさえ、泊まれる部屋があった。

そして、役者になってからは、

「二枚目で独身ときているので、連日、女の子がワイワイワイワイ。育ての親の木下監督は気が気ではない（原文ママ。一九五一年、「東京タイムズ」）」と新聞が書く状況が続いてゆく。

恋に関して言えば、三國はとてつもなく悪い男だ。

でも、だから、女の子たちはわいわい騒いだのかもしれない。こういうことは、もうどうしようもないのだ。

「善魔」に、カメラテストを受けたばかりの新人が抜擢されたのは、出演予定だった俳優、岡田《おかだ》英次《えいじ》が辞退したためだった。

「どういうわけか、木下さんが僕を気に入ってくださって」

と三國は言う。

木下はその才能とは別に、周囲に美しい男性を置くことでも知られていた。

「僕はあのころ、辻堂（神奈川県藤沢市）の木下さんの家に書生として住み込んでいましたが、めったなことはなかったですよ。

軽井沢で撮影したときも、よく風呂で一緒になりましたけれど、なにもなかった。『三國くん、三國くん』と可愛がってくれて、お小遣いはくれましたけどね」

ともあれ、「善魔」で、三國は正義感の強い青年記者をよく演じた。現在の彼に遠く及ばないのはもちろんだが、その未熟さが却って朴訥な青年らしく見えた。役柄に助けられたというところか。

「善魔」にはもうひとつ幸運があった。

「羅生門（一九五〇年、黒澤明《くろさわあきら》監督作品。アカデミー賞外国語映画賞、ベネチア国際映画祭金獅子賞受賞）」、「雨月物語（一九五三年、溝口健二《みぞぐちけんじ》監督作品。ベネチア国際映画祭銀獅子賞受賞）」などに主演した、森雅之《もりまさゆき》との出会いである。

三國は繰り返し、森からの影響を口にする。長く、森の話をする。感謝や尊敬を語る。

「木下さんが『よーい、スタート』って声をかけたとき、初めてのことで、僕は苦しんでいました。

そしたら、森さんがそばに来て、『ひとつ、大きく深呼吸をしてみたらどうですか』って声をかけてくれたんです。大先輩なのに、ありがたかった」

三國はそれからときどき、森と一緒に帰った。大船の撮影所から青山まで、酒を飲む森を、酒を飲まない三國が送っていくのである。

森の洒落た外国車を運転するのは楽しかった。でもそれ以上に、森との会話が嬉しかった。

「森さんは、本当に恰好いい人でした。二枚目でねえ。ただ、たいへんな苦労をして二枚目を演じていらした。

若いころは黒澤さんに気に入られて、黒澤作品の出演も多かったですが、『羅生門』だって、決して監督の言う通りには演じなかった」

森は、作家有島武郎《ありしまたけお》の長男で、良家の生まれだが、十二歳のときに父を亡くしている。有島は、雑誌編集者波多野秋子《はたのあきこ》と、軽井沢の別荘で心中したのである。

「森さんは、内面に深い葛藤を抱えていました。いろいろ話をしましたが、僕はそれを墓場まで持っていくつもりです。彼は、僕に役者の生きざまを教えるのではなくて、感じさせてくれる人でした。

森さんは、『劇団民藝』の前身（民衆芸術劇場）の結成に加わったのですが、民藝の両巨頭、滝沢修《たきざわおさむ》、宇野重吉《うのじゆうきち》を否定していました。

民藝の役者であれば、どうしても、どちらかの芝居に似てしまう。でも、森さんはどちらにも似たくなかった。独自の道を行くことで、自分の演技を作り上げたんです」

森は、三國に言った。

多くの映画、舞台をごらんなさい。きっと、勉強になるでしょう。ほかの役者を見て、自分で芝居を理解しなさい。でも、決して、人のまねはしてはいけません。君の中で感じる表現を創出することが、役者として生きる唯一の道なんです。

台本を読んで、理解できないものは断りなさい。メロドラマに付き合う必要はありません。いいですか、心して、自分の道を行きなさい、と穏やかに。

それから、三國は、たびたび行方知れずになった。撮影所を抜け出して、舞台や映画を見に行ったのである。

「僕は一時、木下さんの勧めで俳優座研究生になったんですけど、俳優座の芝居はあまり見ませんでした。多く見たのはやはり民藝の芝居です。森さんが『滝沢さんと宇野さんの芝居は、相対的に違うから参考になりますよ』と教えてくれたんです。

芝居がはけたあと、出演者がする雑談を聞くのも好きでした。新橋にあった『ありや』という甘党の店で、お汁粉を食べながら聞くんです。話の内容は、たいてい人の悪口です。それぞれがそれぞれの芝居を批判するので、すごく面白かった。ああ、こういう見方もあるのか、ああいう見方もあるのかって、非常に参考になりました。耳学問とでも言うのでしょうか」

酒好きの森も、三國が「ありや」に入り浸っているのを知り、よく顔を出した。

「ここだけの話ですが、森さんは『ありや』を拠点にガールハントをしていたんです。女優さんもいろんな方がきてましたから。

僕は違いますよ、僕はあのころ、そんな余裕はありませんでした。金もなかったし、お汁粉を食べるので精いっぱい」

そう言って、三國は懐かしそうに笑う。

それから、当時、森がしていた「大げさな芝居のまね」のまねをする。両手を天に向けて大きく広げ、歌うように、「おお、なんとか、なんとかあ」。とてもいい声だ。

私は笑いながら、訊く。

「なんですか、それ」

三國は、瞳に涙を薄く溜めて笑う。笑いながら、答える。

「だから、森さんのまねです。『おお、なんとか、なんとかあ』のあとは、『三國くんね、絶対こんなふうに演じたらいけないよ』と言っていました」

三國は、大げさな芝居が嫌いだった。

それには森の存在が大きかったが、頻繁に通った「民藝」の舞台にも理由がある。

「滝沢さんの芝居が、僕には不思議でした。ずいぶん大げさな気がしました。オーバーなんです。

逆に、宇野さんの芝居は、芝居をしているんだかしていないんだかわからない芝居でした。

僕は、宇野さんの芝居の方が好きだった。とても、自然でね。勉強になると思いました。近づきたかったです」

「善魔」の撮影が終わるころにはもう、三國は役者として生きてゆくと決めていた。

「宇野さんと喫茶店で一緒になったとき、聞かれたのを覚えています」

君、三國くんと言うの？　ずっと役者をやっていくつもり？

「僕は、『はい。他にやることがないので』と答えました」

では、この人はと思う人の芝居を見て、自分自身の生き方を選択しなさい。頑張って。
以来、三國は徹底したリアリズムを追求していくことになる。そして、その生き方は
どこか、森雅之のそれに似ていた。

「僕の芝居は、森さんにいちばん影響を受けています。
森さんは、感情を抑えてリアルに演じた。人をまねてはいけないと教えられましたが、
僕はまねたんです。森さんを。
森さんは戦前戦後を通して、冷静に社会を観察していました。そこのところは、やは
り、彼の教養（京都大学哲学科中退）だと思います。僕は、それが非常に羨ましかった」
三國は、もう一度、静かに言った。あの人は本当に恰好いい人でしたと、柔らかに微
笑んで、言った。

三國は役者として、この上ないスタートを切った。
メディアは彼を「幸運児」ともてはやし、「素直さ」や「清純さ」を称えた。松竹宣
伝部がそう発表したからだ。
宣伝部はまた、華麗な過去も用意した。大阪大学卒業のほかにも水泳の学生チャンピ
オンとか、帝国陸軍少尉とか、傾向的に大衆に好まれそうな嘘で飾り、披露したのであ
る。

そのきらきらした履歴に、「彫りの深いマスク」、「身長五尺八寸二分」、「たえず懐疑的に光るひとみが神秘的なにおいを漂わせる」などの事実、報道を加え、三國はスターになった。

松竹は三國に大いに期待を寄せ、「善魔」以降の一年間に四作品に主演させている。将来的な成功を視野に入れていただろうし、関係が簡単に切れるとは思ってはいなかったはずだ。

しかし、三國は違った。

彼は徹底した自由人である。切れない関係は、彼の中にない。その意味において、彼はおそろしく孤独だった。でも、それで何も困らない。寂しさを感じない。

もちろん、映画界の秩序に収まりきれなかった。「専属制」という枠組みから、すぐにはみ出した。

三國はまず、東宝に出演しようと考えた。東宝の出演料は、松竹の十倍だった。一九五二年当時で、一本五十万円である。

東宝はどうしても三國が欲しかった。ただし、その引き抜きは、ちょっと異様な騒動に発展してゆく。松竹と東宝は揉めた。

一九五二年二月の「毎日新聞」は、「映画スター引抜き合戦」という記事の中で、双方の姿勢をよく伝えている。

「ポッと出の素人からようやく役者にしたもので、身柄は松竹に『専属』していることは明かだ。これは俳優たるものの良識の問題（松竹製作本部事務局長談）」

「本人が出演を熱望しており、また現在は松竹の演技研究生で松竹との間には正式契約のないことから、松竹側は三國を拘束する権利はないはず（東宝プロデューサー談）」

そして、ここから、三國は人生何度目かの波瀾へと突き進むことになる。

彼は、東宝作品に出演したのち、今度は東映作品への出演を思った。出演料は、さらに上がり百万円と発表されている。当然、東宝と東映は揉めた。

五二年九月の「報知新聞」はこう書いている。

「東宝も一杯食う。また波紋、三國の無軌道ぶり。いよいよ常人では理解できない」

十月の「スポーツニッポン」は、こう書いた。

「さっぱり解らぬ挙動。異常神経の三國連太郎。ここまで徹底すると、手の施しようがない」

翻《ひるがえ》って、三國は、どうして自分が叩かれるのか、まったく理解できなかった。

役者が優れた作品に出演したいと思うのは当たり前ではないか。一方的な要求に従わないのは、奔放でも何でもない、と思った。

彼は自らを貫き通した。大映や日活の作品にも出演した。非難が音を立てて舞う道を、確信を持って歩いた。

結果、五社の定める協定に違反したとして、三國は映画界から締め出される。「五社協定違反第一号俳優」には、厳しい現実が待っていた。たとえば、撮影所の入り口に貼られた「犬、猫、三國入るべからず」。そういう時代だったのだ。

三國は話す。

「あのころ、僕は狂気だと思われていました。松竹にも木下さんにも言わないで、東宝に出たりしたのがきっかけです。

僕は、僕についての選択、決定を、自分自身でしたかった。その自由は、人間誰もが所有しているものだと思っていたんです。

だけど、周囲は口を揃えて、制限されなくちゃならんという。制限されるのが当たり前だという。社会通念だという。

あれ、僕の考え方は根底から間違っていたのかなと思いました。が、どうにも不思議で、納得がいかないんですよ。それで、もういいやと思ってしまったんですねえ。

世間から見れば、僕は甚《はなは》だいい加減な男だったかもしれません。でも、自虐的というか、仕事を干されても、ぜんぜん苦痛は感じませんでした。

映画界に戻れなくてもかまわなかった。得てきた評価は幻想にすぎないと知っていましたから」

彼はその後、一本ずつ仕事を選びながら、映画に出演した。独立系と呼ばれる監督との仕事を始めたのである。

「役者になってからも、いろいろありました。新人のころには、映画会社の協定を平然と破って、『五社協定違反俳優第一号』になりました。

それで、まず大手から締め出しを喰い、次にマスコミから完膚無きまで叩かれました。よく、『お前は気違いだ』と言われました。会ったこともない人たちから、何度も繰り返して。

面倒くさいので、いちいち反論はしませんでしたが、一人前の役者にならんといかんなとは思いました。

だって、僕がだめになれば、戦いは敗北でしょ。喜ぶ人が大勢いる。そりゃあ、負けていられないですよ。

幸いだったのは、僕と同じように会社と喧嘩をして、ストライキかなんかをやって、首になった監督がいたことです。

山本薩夫《やまもとさつお》、家城巳代治、今井正《いまいただし》ら、将来を嘱望されていた監督たちが立ち上がり、権力と闘った（東宝争議）。みんな社会派と呼ばれる、骨太で前衛的な映画作家なわけですが。

彼らはその後、独立プロで撮り始めました。僕はそれに参加したんです。ほとんどノーギャラでした。でも、ぜんぜん気にならなかった。

当時は、みんな貧しかったですからねえ。握り飯ひとつが晩飯ってこともありました。だから、夜は腹が減って眠れないんだけど、充足感があった。

彼らは外国で評価され、いくつか賞を取っていた。自国で干されても、ひとつの指向性をもって闘い続ける。そういう姿勢が僕には新鮮でしたし、尊敬してました。刺激を受けました。本物に近付けているんじゃないかっていう。

ただ、人の才能に甘えてはいられませんから、僕も懸命でした。あのころに出演した映画は、まずまず満足できる作品になったと思っています。

僕は、彼らに人生を賭けてみた。そして、それは間違いではなかった。少なくとも、反省はしていません。感謝しています。

だけど、彼らとの付き合いも、二、三本ずつで終わりました。それが、僕のやり方なんです。もっと、要領よくやれればいいのかもしれませんが。

最近思うのは、強欲は無謀に等しいということです。役者人生、六十年。ほんとうに長い徘徊でした。ここまできたら、生涯、無謀を通すしかないんでしょうね」

結論から言えば、それは三國の財産になった。そこには彼の求めるものがあった。刺激的な、出会いがあった。

内田吐夢《うちだとむ》、山本薩夫、家城巳代治、熊井啓《くまいけい》、今井正、今村昌平《いまむらしょうへい》。棘と毒と熱を持つ、社会派の監督たち。

「ほとんどの人は左翼です。僕はそうではありません。思想的な影響も、そんなに深くは受けなかった。ただ、彼らの生き方は、僕の目にものすごく新鮮に映りました。官憲に監視されながら、左翼活動をずっと続けてきたというところが、なんとも。彼らの真摯《しんし》な姿勢からは、ずいぶん学ばせてもらいました。それが、今の僕の一部を作っていると思っています。心から、感謝しています」

三國の話は終わらなかった。やはり、六十年は長いと思う。人が生まれて、還暦を迎えるまでの間、三國はずっと役者であったのである。話が尽きないのは当然だった。

第五章　芝居に生きる

二〇一一年二月、三國連太郎は京都にいる。松竹京都撮影所にいて、午後四時を過ぎたら、盗賊の首領になる。

「やっぱり初日は緊張しますね。どうも、落ち着かない」

と三國は、つぶやくように言った。彼は背を少し丸くし、指を膝の上で組んでいる。

薄い肌着を着ている。キャメル色のシャツとももひき。一目で上質とわかる。

靴下は、まだ履いていない。エアコンの効いた控え室（楽屋）は温かい。うっすらと額に汗をかくくらいの温度だ。

三國は、壁際に置かれたソファに座っている。どうぞ、ゆっくりしてくださいと、座布団を勧めてくれたりもする。普段よりいくぶん、神経が高ぶっていて、妙に饒舌《じょうぜつ》であったり、急に押し黙ったりもした。

六十年も役者であった人の「緊張」は、やすやすと周囲に伝わる。決して、初日だからではなく、楽屋もなんとなく落ち着かない。誰も口に出さないけれど、ひっそりと困惑している。

三國は台本を開いては閉じ、また開いて閉じる。それを数回繰り返して、出演シーンの確認をした。ペンで何かを書き込んだ。

台本には、年齢設定がなされていなかったので、確かめるように指示を出した。手を伸ばして、テーブルにあったチョコレートをつまむ。ミルク味ののど飴をなめる。冷蔵庫から、紅茶を出して飲んだ。

窓の外で、雪が静かに降っている。

午後二時あたりから降り始めて、瞬く間に積もった。

新幹線は、また遅れているらしい。一月にも雪が降って、けっこう遅れた。テレビのニュースがそう言っていた。その日は、東京もすごく寒かった。

撮っているのは、「鬼平犯科帳」というテレビ番組で、三國はこれからメイクをし、鬘《かつら》をかぶる。黒装束を着る。屋外のセットに行く。

日が落ちて、外は氷のように冷えている。雪はみぞれになって、降り続けている。三國は黒装束の上に、コートを羽織るのを嫌がった。寒くないと言う。

用意されていた長靴も、いりませんと断ったが、これはもともとサイズが合わなかった。撮影所には、Lサイズまでしか置いてなかった。

その夜の気温が何度だったかは知らない。でも、屋外にいた人間で、寒くなかったのはおそらく三國ひとりだ。

薄着を貫いた三國の黒装束姿は、美しかった。細いふくらはぎには、若ささえ感じられた。声には張りがあり、目には鋭さがあった。

ただ、鬘を替えるため、薄暗く狭い場所に移動したとき、鼻水が出た。ティッシュが手放せなくなった。あまりに出るので、洟《はな》をかむだけでは足りなくなった。三國は、両方の鼻の穴にティッシュを詰めた。

「息、できますか？」

と尋ねると、

「だいじょうぶ」

と彼は笑った。

撮影は鬘を付け替えてからも、しばらく続いたが、カメラが回っているとき、鼻水は出なかった。

眩しいほど明るいけれど、その場は、さっきまでいた場所より断然寒かった。風は四方に吹き抜ける。低い軒を伝って、みぞれが雨のように落ちている。吐息は凍り、口元あたりで、白くもやもやと揺れた。それでも、鼻水は出なかった。

三國連太郎は、天性の役者である。

演じているときの彼は、何ものにも変わることができる。徹底的に、役に添おうとする。そして、その意志は、鼻水も簡単に、止めてしまう。

逆の場合もある。一九九三年の「大病人（伊丹十三《いたみじゅうぞう》監督作品）」のとき、臨終のシーンで、三國の顔がわずかに痙攣《けいれん》した。

私はある時期、緩和ケア病棟やホスピスに通っていた。そこでは死が日常で、毎日のように逝く人がいた。別れた人たちの様子を、私は三國の「臨終」に思った。

死は練習ができない。それに、実際の死は、とても細かに状況を変えながら訪れる。だから、どんなふうに演じても、きっと嘘にはならないのだと思う。

それにしても、彼は上手に、かなり自然に逝った。私はあとになって、三國にあれは何だったのかを尋ねた。彼はひとことで答えた。

「演技です」

涼しい顔をしていた。

「なんと言えばいいんでしょうか。そういう状態に、落ちていくんですよ。自分はもうすぐ死ぬんだ、終末を迎えるんだというところに落ちる」

「意識が、ですか？」

「意識も、身体も」

　さっぱりわからなかった。

　三國と話していると、いつも何かを考えさせられる。彼の話はきわめて哲学的で、難解だ。しかし、難しくても退屈ではなかった。面白かった。

「大病人」の撮影時には、こんなことがあった。

　スタジオではセットを変える作業が行われていた。背景や室内の様子が、忙しく替えられていく。重いものを引きずるような音や釘を打つ音に混ざって、怒鳴るような声もした。

　スタジオの隅で、伊丹監督が数人のスタッフと話をしていた。

「あの人、うるさいから。先に撮ってしまおう」

　三國のことだと思った。出演者は大勢いたが、「うるさい」と評される役者は、ほかに心当たりがなかった。

　十年以上経ったころ、偶然「伊丹くんのこと」を訊く機会があった。三國の別荘の近くの喫茶店でのことだ。

「何本か一緒に仕事をしましたが、伊丹くんとは、芝居の感覚が合わなかった。いつもぶつかっていました。

　伊丹くんは、芝居を頭で理解する。僕は身体で理解しようとする。その部分がぶつかるんです。

彼のような頭のいい人は、なにごともきれいに割り切れる。僕の場合は、何度やっても清算できない。割り切れないものの答えを、なんとか探そうとするのが、僕の稽古、リハーサルなんです。

僕は繰り返し、NGを出します。OKが出たシーンでも、翌日、『ちょっと違うな』と思って、撮り直してもらうこともしょっちゅうでした。

そうすると、心ある人から反感をもたれるんですねえ。時間やフィルムを損した気になるんでしょうか。

それでも、僕は自分を曲げられない。絶対に、棄てられない。異端でけっこう、と思います。

『大病人』のときは、仕方がないので、リハーサルでは、伊丹くんに合わせました。なに、本番で変えればいいだけのことですからね」

三國は「大病人」以来、伊丹作品に出演していない。もう、いい。そう思った。だけど、それは決して特別なことではなかった。これまでと同じだ。ルールの延長、とでも言えばいいだろうか。

彼は、どんな監督とも、長く仕事を重ねない。一定の距離を取る。そうしないと、飽きてしまう。だいたいは二、三本、一本きりのときもある。

「べつに意識的にそうしてきたのではなく、生理がそうさせているんだと思います。僕は、今日まで一度も、自分の芝居に納得したことがありません。だから、ひとつ終われば、すぐに次を思います。次こそ、納得できる芝居ができるんじゃないかって、希望を持つんです。

正しい説明になるかどうかわかりませんが、つまり、こういうことだと思うんです。楽しい集まりで、美味しいものをいっぱい食べて、あくる朝、たくさんウンチをする。僕はその状態を見て、『消化不良だ』と思うわけです。

それと同じじゃないですかねえ。撮影はとてもうまくいった。完成した作品は、高い評価を受けている。僕も、いっとき充実感を味わう。

でも、しばらくすると、やはりある種の『消化不良』を感じ始める。きっかけは、とくにありません。

違ったものを食してみたい。違った才能に出会ってみたい。違った方向に歩いてみたい。そんなところでしょうか」

つまり、欲が深いのだ。

「ええ。芝居に関しては、かなり強欲なほうだと思います。すべてを棄て、無一文になっても、ひたすら追い求めましたからね。トイレの中でも、芝居のことを考えてました」

と言い、彼はゆっくり笑った。それから、懐かしむように、彼方を見る。

瞳は黒というより、灰色がかっている。輝くような白髪が美しい。老いは静かに、彼のもとにも訪れている。

遠い日、彼が棄てたのは、何人かの妻、娘、息子、いくつかの恋、神楽坂にあった豪邸、気に入って乗り回していたポルシェ。

のちに得たのは、狂おしい恋、四人目の妻、都内にある瀟洒な邸、称賛と揺らぐことのない名声。

三國はもう手に入れていた。望んだものを望んだ分だけ、与えられていた。だけど、それでも、彼は納得していない。いつだって、形のないものを欲しがっている。役者「三國連太郎」に、強く、執着している。

ところで、彼が手にした名声は、普通の人間なら、生きていくのがつらくなるような環境の中で、へこたれず「追い求めた」末に与えられた。誰からか。彼からだ。

「僕には、アブノーマルな部分が多々ありまして、安定や安住をしたくないんです。楽をしたいとも考えません。

僕の人生は、我儘《わがまま》に、自己主張することで、なんとかバランスが取れているんだと思います。

全身で圧力を撥《は》ね除《の》けるというか、反発しないと、前に進めないような恐怖に襲われるんですねえ」

彼は普段、よく笑う、楽しい人だけれど、話す内容の七十八パーセントくらいが重たかった。あまり、暗くはない。悲壮感もない。ただ、重いのだ。

「人には、愚かな男と思われると思いますが、僕には、芝居以外に頼れる世界がない。芝居ができることがすべてで、あとはとにかく、ぎりぎりのところで生きてきました。役者でなかったら、殺されているか、野垂れ死にをしていると思います。そういう意味から言えば、芝居は、僕の命そのものかもしれません」

生きるために芝居をするのか。芝居をするために生きるのか。どちらにしろ、三國ほど幸せな役者はいないだろう。


三國連太郎の代表作、すなわち、「異母兄弟（一九五七年、家城巳代治監督作品。チェコ・カルロビバリ映画祭グランプリ受賞）」、「夜の鼓（五八年、今井正監督作品）」、「切腹（六二年、小林正樹《こばやしまさき》監督作品。六三年カンヌ国際映画祭審査員特別賞受賞）」、「飢餓海峡（六四年、内田吐夢監督作品）」、「神々の深き欲望（六八年、今村昌平監督作品）」などが撮影された時代は、なにごとにも、不便な時代だった。

雨をCGで消すことができなかった。雲を思いのままに形作ることができなかった。

台風はちょうどよい日には発生しなかったし、雪は気ままに降った。

「あのころは、ほんとうにいい時代でした。自身の哲学に従い、苦しみながら作品を生み出すという。

待つのは当たり前でしたよ。『切腹』のときは、いい雲が流れてくるまで、朝から夕方まで待った。カメラマンも演出家も、信念を持って粘った。それだけ画《え》作りに真剣だったんです。

『神々の深き欲望』は、沖縄で撮影したんですが、完成まで二年かかりました。民宿みたいなところに住み込んで、炊き出しみたいなこともじたんじゃなかったかな。今では考えられませんけど。

今は早撮りがよしとされていて、監督は、次の依頼に繋がるように撮る。映画会社にとって使い勝手がいいと言いますか、生き上手な方が増えている気がします」

独立プロでの仕事の数々を、三國は、

「僕ほど、作品に恵まれた役者は珍しい。財産だと思っています」

とふりかえる。代表作のほとんどは、その時代にまとまっていると話す。

彼が、独立プロで多くの仕事を重ねられたのは、大手映画会社から締め出されたからにほかならない。その分、彼は自由になった。誹謗中傷を浴び続けたことで、結果的に勝利したのである。

「勝ったかどうかはわかりませんが、僕は現在も、仕事をしていますからね。松竹や東宝といった大手とも。

それからすれば、一部の関係者には、しょんべんをひっかけられたぐらいの敗北感はあるんじゃないでしょうか。

僕の生き方は自虐的です。自虐というのは非常に簡単で、『もう、これで終わりになってもいい』ということ。実際、僕はそんな気持ちで仕事に臨んでいました」

独立プロの仕事は、絶えず貧しさとともにあった。

たとえば、「切腹」や「夜の鼓」のときは資金が枯渇し、旅館の支払いが滞った。撮影が、思いのほか長引いたためである。

「撮影を終えて、宿に帰りますとね。風呂の湯が落としてあるんですよ。もちろん、飯もない。

金を払っていないので文句は言えませんけど、あれには困りました。結局は夜逃げして歩きましたからね。京都で撮影していて、頼るところもなかったですし」

懇意にしていた女性はいなかったのかを問うと、彼はちょっと考えて、

「あのときはいませんでした。たしか銀座にいたんだと思います」

と答えた。京都に通うのに銀座は遠すぎる。三國は困ったに違いない。

翻って、待つのが当然の時代は、彼の「異端」がより活かされた時代でもあった。画

にこだわりを持つ監督にとって、三國ほど頼れる役者はいなかったろう。

内田吐夢が「飢餓海峡」を撮ろうとした際、東映は三國の主演に不快感を示したが、内田は譲らなかった。

三國は言う。

「東映は猛反対。社長以下こぞって『三國を使うな』と言い、そうとうな圧力をかけた。でも、内田さんは『それなら、ほかの会社で撮る』と撥ねつけた。東映は仕方なく、僕を使ったんです。ありがたいことに、そんなふうに盾になってくださる方が、僕の周りにはたくさんいました」

彼はだから、心底、思う存分、とことん、役にのめり込んだ。

老いた軍人を演じた「異母兄弟」では、躊躇《ためら》うことなく健康な歯を抜いた。老人に見えるよう、何本もである。

「『異母兄弟』は好きな作品です。軍国主義の権化のような将校が、息子を戦地に送り出したあと、ひとりでぽつんと酒を飲む。深い痛みと悲しみを感じている。ほんとうの親心だなあと思いました。この場面が気に入って、やらせてもらったんですよ、僕。

『異母兄弟』は、実社会の歪みをきちんと描いている。実際に戦地に行った経験を持つ人の心に響いたと思います。

社会に厳然として存在する問題を、いろんな角度から検証し、提起する。ちょっとほかにまねのできない映画だったんじゃないでしょうか。

作品の持つ真摯な姿勢に、僕は影響を受けました。社会の歪みにきちんとプレゼンテーションができる。それを僕は大切にしてきたつもりだし、これからも大事にしなくちゃいかんと思っています」

では、抜歯はこの作品にどんな役割を果たしたのだろう。

「当時、僕の興味、関心はリアリズムにありました。『異母兄弟』では老人役でしたが、共演の田中絹代《たなかきぬよ》さん（一九〇九年生まれ）と年齢が合わなかった。それで、芝居の生理的な作り方として、歯を抜くのがいちばんいいんじゃないかと思ったんです。

この作品が失敗したら、役者をやめる覚悟でいましたから。役者をやめるんだったら、歯が無くても別にいいかと……。

ただ、行った先の歯医者には、なかなか理解してもらえませんでした。いくら抜いてくれって言っても、抜いてくれないんですよ。

とにかく、ものすごく嫌がられまして、何度も『本当にいいのか』と確認されたのを覚えています。いいからやってくれと半ば強引でしたが、一回に三本ずつ、三回に分けて抜きました。

麻酔は打ちましたが、痛かったです。顔がだいぶ腫れました。熱も出たんじゃなかったですかねえ。もう忘れましたけど。

歯がないと飯が食えないので、入れ歯はすぐに作りましたが、後悔はしませんでした。映画が失敗したら、入れ歯代を踏み倒して逃げようと思ってました。昔から、逃げるのだけは得意なんです」

「異母兄弟」以降、彼は長く義歯の生活を送っている。それを外すと、欧州の民話に出てくる魔法使いのように見える（普段でも、彼にはいくぶん、そんな雰囲気があった）。

「あのときの芝居で、いちばん難しかったのは、田中絹代さんを強姦するシーンでした。田中さんは、僕のおふくろとあまり年が変わらなかった。それで、なんだか、おふくろを襲っているような気になって、ああ、ここは乗り越えなくてはいかんなと思った記憶があります。

ヨーロッパの名高い俳優から聞いた話ですが、向こうではラブシーンのとき、『射精したから、下着を換えさせてくれ』という俳優がいるそうです。

射精まで必要かどうかは別にして、演じるという行為は、いかに自分を追い込めるかにかかっています。

とくに、男女の絡むシーンには、精神的な高揚が必須でしょうね。気が入っているか、いないかなんて、見ていてすぐにわかりますから」

映画を語るとき、三國は良くも悪くも、熱くなる。まったく、遠慮がない。過去に共演した女優のことを、「ずいぶん、ばあさんになりましたね」と言ったりする。

しかし、ほとんどの場合、彼女らより彼の方がずっと年上だった。三國の時計は、どこかで、「強欲」に止まっている。映画に関してだけでなく、恋や愛についても。

「飢餓海峡」が撮影されたとき、三國は激しい恋の中にいた。ロケ地のひとつ、函館。そこにひとりの女優が訪れていた。当時、二十歳の太地喜和子である。

三國は、妻子のことを忘れた。思い出しもしなかった。太地に溺れた。ずぶずぶと溺れた。彼は、四十一歳だった。

三國は、あれはねえ、違うんですよと小さく笑う。

彼は日ごろ、男は基本的に嘘つきではないと言う。だが、そうではない男も、世の中には大勢いる。だから、女は泣くのだ。

「『飢餓海峡』では、僕は人を殺す役を演じました。犬飼（役名）は事件後に逃げます。彼にあったのは、『生きたい』という本能ではなかったでしょうか。それを僕は許されると思いました。

僕には戦争体験があります。まったくの落伍兵で、鉄砲は一度も撃ちませんでした。撃つと、敵の反撃に遭いますからね。僕は死にたくなかった。生き延びたかった。

生きたいという思いは、人間の本能です。どんな人間も持っている。犬飼を通して、伝えたかったのはそういうところです。

昔の作品をご覧になった方々から、『お前は好き勝手をしている』と言われるんですが、決してそうではありません。僕は、強くこだわりました。戦争を美化する映画には出たくないということにです。

いかに劇的なものであろうと、僕は戦争で人を殺す自分の姿を見たくなかった。作り物の世界の話でも、耐えられない。

『異母兄弟』もそうですが、反戦的なものには進んで出演しました。ギャラが出ないのなら、お粥をすすってでも出たいと思いました。

生意気を承知で言わせてもらえば、平和に関心を寄せる作品への出演には、十分、意味があった。そして、それこそが、役者としての僕への代償だった。金銭的なことではなくて。

今考えてみますとね、夜逃げしなければならないようなところまで、経済的に困窮した作品のほうが、世界的に見ても、評価が高いような気がします」

三國はそれから、内田監督の話をした。彼の人生は劇的ですよ。いろいろあって満州に逃げ、終戦後もしばらく中国にいたんじゃなかったかな。左翼です。まるで、三國の人生が劇的でなかったような語り口で、続けた。

「『飢餓海峡』のラストは、連絡船から海に身を投げるシーンで終わります。その撮影のとき、内田さんは、実際に飛び込めって言ったんです。渦に巻き込まれて上がってこない画を撮りたいからって。

言うことが、めちゃくちゃでしょ。結局、人形を落としたんですけど、あれ、けっこう本気だったんじゃないかな。『冗談じゃないよ』って言っても、否定しないで笑ってましたから。

でも、僕も役者だから、もっと強く『やれ』って言われてたら、飛び込んだかもしれませんねえ。今、生きているかはわかりませんけど」

そう言って、三國は声をあげて笑った。

京都での撮影は続いている。

セットは白洲に変わった。三國の衣装は、盗賊の末路らしくくたびれている。黒装束姿から十五年が経った設定になっている。

三國はセット脇に作られた控えにいる。丸い筒型のストーブの前で、出番を待っている。床には薄い毛布が敷かれているが、冷たさが足に絡むように這い上がってくる。

十メートルほど離れた正面には、主演の中村吉右衛門《なかむらきちえもん》の控えがある。中村は目を閉じ、口を結んで、やはり出番を待っている。

「彼と芝居をするのは、ずいぶん久しぶりです」

と、三國はぽつんと言った。

彼らは「夜の鼓」で義理の親子役を演じている。それから、五十三年が経っていた。長い長い時間だ。撮影が終わるまで、ふたりの視線は合わなかった。

すべてが終わると、中村は三國に駆け寄ってきて、言った。

「どうか、どうかお身体お大事になさってください」

三國は花束を受け取って、拍手の中、セットを出てゆく。控え室に帰り、ソファに座って、言った。

「もっとやりたい気分です。ちょっと足りない」

それから、若草色のセーターとデニムに着替えて、靴下を履いた。ダウンのコートを着た。黒いイタリア製の靴を履く。その日、そこですべきことは終わった。もう何も残っていなかった。

第六章　鉄の意志

三國連太郎はその日、都心の「高いところ」にいた。

東京タワーがすぐ近くに見える。しっかりと立っているけれど、二〇一一年三月の、あの未曾有の震災で、先端がお辞儀をするように曲がっている。悼んでいるのかもしれない。

部屋の一方は窓だ。窓は大きくて、背が高い。厚いガラス越しに、青が少し褪せた空が広がっている。

空はこれから、徐々に茜に染まり、やがて暗くなってゆく。

眼下には緑も見える。木々がブロッコリーのように固まり、あちこちに点在している。

それから、ビルが見える。ビルだらけだ。隙間を、カラスが横切るように直線的に飛んで行った。

三國は窓の近くのテーブルで、早目の夕食をとっている。

彼は何も言わず、黙々と箸を進めている。美味しくないのだろう。三國はわかりにくい人だが、美味しいものを食べているときは、なんというか、もっと楽しそうにしている。

その日、三國はいつもより、さらに食べるのが早かった。役者は撮影の合間に、急いで食事をとる。六十年もそんな生活を続けていると、普段まで早くなる。(嫌な仕事でもしているように)事務的に口に運んでいればなおさらだ。

三國は、熱いお茶をゆっくり飲んだ。湯呑を持ったまま、しばらく外を眺めていた。それから、静かに言う。

「ここからの眺めは、映画の書き割りのようです。よく似ています。こんなふうに描くんですよ、街の様子をね」

三國はそうとうな読書家だったし、その気になれば話題にまったく不自由しなかった。たとえば国家について、宗教について、戦争について。自由に、往々にして辛辣に、滔々《とうとう》と語ることができる。

問題があるとすれば、彼があまり「その気」にならないことだろうか。三國は六十代のころ、こんなふうに言っていた。

「口をきくなと言われたら、僕はたぶん、何週間だって黙っていられます。自信があります。

むしろ、そのほうが楽なんじゃないでしょうか。正直に言って、僕には腹を割って語り合える仲間が誰もいません。

だけど、それを寂しいと思ったことはありません。ひとりでいるほうが、ずっといい。本を読んだり、ものを書いたりしているのが好きですから。

孤独というのは、ある意味、贅沢なんじゃないかと思います。好きなだけ、自己分析できますし」

当時、彼はマンションに住んでいて、まだ煙草を吸っていた。

居間のテーブルには、果物やペン立てや時計などに混ざって、よい香りのする葉巻のケースが置かれていた。これで切るんですよと、専用のカッターを見せてくれたりもした。金属製の、細い棒みたいなものだった気がする。とにかく、それは、三國の肉厚な手のひらでころころ転がっていた。

葉巻をくわえた三國は、アメリカ映画「ゴッドファーザー」（一九七二年、フランシス・コッポラ監督作品）」に主演したマーロン・ブランド（一九二四年生まれ）に、雰囲気が似ていた。

ブランドと三國（一九二三年生まれ）は年齢も近い。若き日の問題児ぶりや出演作品に対する頑固な姿勢も似ていた。

マンションの書斎には、さまざまな書籍が並んでいた。「日本佛教史」、「極東國際軍事裁判速記録」、「人間と差別と宗教」、「親鸞と被差別民衆」、「差別の意識構造」といった類の本だ。

そこは、まるで図書館のように、古い紙の匂いがした。机にはインクつぼと万年筆と原稿用紙があった。立派な硯《すずり》と墨、たくさんの筆があった。

硯の横に、ぽつんとテディベアが座っていた。小さな熊は、その場にまったく似合っていなかった。

テディベアはしかし、三國が買い求めたものだった。その上、彼はそれをけっこう気に入っていた。

「可愛いでしょう？　こうしたものがひとつあると心が休まります」

と言い、優しく笑った。

ある種、彼の書斎は彼そのもののようだった。虚と実の不可思議に入り混じる人生が、そこにぎゅうぎゅう詰まっていた。

二十年前、書棚に並んでいた本のいく冊かは、現在も彼の書斎に並ぶ。テディベアは、もうない。彼はもう熊のことなんて覚えてもいないだろう。

現在の住まいの、あるいは「自己を再構築するために」建てた別荘の書斎で、本を読んだり、ものを書いたりしている三國は、役者というより、学者や作家のように見える。

事実、彼は役者にならなければ、作家になりたいと思っていた。それが夢だった。若いころ、文藝春秋の編集者に、何か書いてみないかと勧められたこともあったらしい。五社協定違反で干されていたころには、実際に小説（一九五七年「理慧《りえ》の肖像」森脇文庫）を書いている。

だが、彼の行く手には、そこから急速に光があたっていく。むろん役者としての彼に、である。

三國は、そのころに比べさらに口数が少なくなっている。

とくに、今日のように硬い牛肉や煮崩れた南瓜《かぼちゃ》、熟れすぎたトマトを食べる羽目になった夕刻はいけない。どうして話す気になんかなれるだろう。

東京タワーは、まだライトアップされていない。でも、週末の夜だから、もうすぐ、灯りがともってゆく。いつもの橙ではなく、青に緑に、細すぎるクリスマスツリーのように。

おとといとは違う夜だ。

三國が話を始める。有田焼の洒落た湯呑を持ったまま、気が乗らないような様子で、する。

八十八歳を過ぎて、当たり前だが彼は老いている。

記憶が薄れ、あれはええと、いつのことだったかなとか、もう忘れてしまいましたと言うことも増えていた。

だが三國の役者としての意識は、何かの拍子に目を覚まし、独特の尖りかたで訊く者に迫ってくる。

私はときどき手に汗をかく。胸を熱くする。大笑いをする。居心地がひどく悪い。唐突に、デビッド・リンチを思い出したりする。

感情の表裏を複雑に行き来しながら、三國は語る。彼の存在そのものが芸術だった。彼のような生き方をする役者は、日本にはもういない。きっと、最後だ。

彼は昼間、「ビルマの竪琴(一九五六年、市川崑《いちかわこん》監督作品)」の話をしていた。

「あれ、多摩川の奥で撮ったんです。あとでビルマロケの分も加えられてますが。僕は合唱指導をする隊長の役でした。

多摩川で歌ったんですよ、『荒城の月』。僕がこんなふうに棒を振りながら」

三國は「荒城の月」を、伸びのある声でワンフレーズ歌い、「水島《みずしま》――」と主役の上等兵の名を呼び、北林谷栄《きたばやしたにえ》の演じた現地婦人の声色を真似た。

ヘイタイサンタチ、コニチワ。コレ、オボウサマノ、インコ。アンタラ、ニホン、カエルンカ。

「ずいぶん甘い作品だったですね、『ビルマの竪琴』は。完全なメロドラマですよ。全然、戦争を描いていない。

僕にも戦争体験がありますが、戦地に展望を持った話なんかありません。いつ帰れるなんて話はしたことも聞いたこともない。

よくしていたのは猥談です。それのほかに、慰めがなかった。さっきまで猥談をしていた兵隊が『突撃！』の一言で、気がつけば死んでいる。そんな世界ですから、戦争なんて。

前線は、けっこう衝撃的でした。感覚が麻痺するのでしょうか。遺体が運ばれてきても、涙は出なかった。内地に送るため、骸《むくろ》から髪を切り取ったりはしましたけど、それだけ。

遺体だって、野っ原に放っておくしかなかった。もたもたしていると、こっちまでやられてしまいますからね。

死に鈍感になった分、恐怖には極端に敏感になりました。臭いや音、気配で、敵がどこにいるのかがわかるんです。近いとか遠いとか。数人かたくさんか。そのくらいの判断力、冷静さがないと生き延びられない。みんなが死ぬ。

実体験から言えば、『ビルマの竪琴』は、センチメンタルです。内容がものすごく感傷的でしょ。

実際はもっとドライですよ。亡くなった連中に対する思いよりも、生きて帰れる喜びのほうが断然強い。万歳、乾杯って思い。それが現実だった。

戦地にいた約二年、僕はずっと戦争とはいったい何なのだろうと考えていました。そう思わざるを得なかった。

誰が得するのかわかりませんが、いちばん損をするのは、撃たれて、死んでゆく兵隊たちです。

僕は別に左翼でも何でもないですけど、意味なく弾に当たるなんて、真っ平でした。ほんとうに馬鹿らしいと思いました。

あれはなんのための犠牲だったのか。僕は今でも、ときどき考えます」

戦争に対して、彼には特異な、でも、どうしても譲れない持論がある。その姿勢を貫いたため、戦地では日々、死ぬほど殴られた。敵軍ではなく、自軍の兵士に。

「僕は、殺し合いに参加したくなかった。国家のためには、死にたくなかった。だから、気を失うまで容赦なく殴られました。気絶して、炎天下に転がっていたこともあります。ある日、上官がついに諦めたんです。彼らだって、毎日殴り続けるのは疲れますからねえ。

それに、僕のような人間を前線に出すわけにはいかないでしょ。邪魔になるだけですし、全体の士気も下がる。

結局、後方に回されて、衛生兵みたいな役割を与えられるのですが、まあ、どこにいても戦地は危険でした。

流れ弾に当たったこともあります。腋の下を貫通したんです。だからと言って、満足に薬もありませんから、寝ているしかない。

そのうち傷が化膿して、ひどい熱が出ました。顔のまわりを蠅がぶんぶん飛んでいました。朦朧《もうろう》としていましたが、それはわかりました。

だけど、僕は運がよかった。腋ですからね、被弾したのは。もう少しずれていたら、心臓直撃で即死だったと思います」

傷痕は現在も、三國の身体に残っている。左の鎖骨のすぐ下あたりに、ガムを噛んだあとみたいな形で、くしゃくしゃに茶色く、ひどく強情に残っている。

「殺し合い」の場での体験は、「ある種の人生観」に繋がったと、三國は言う。そして、そのあたりから、話は映画や芝居に、つまり彼の人生について戻ってゆく。

「ある種の人生観」は、彼の芝居に多大な影響を与えている。さらに言えば、彼の来し方は、ほとんどそのまま「ある種の人生観」で占められているように思う。

戦争に行かなくたって、彼はきっと、同じような生き方しかしなかった。反骨や放浪は、十代前半からのもので、決して戦地で身につけたものではない。

出自や差別が幼い彼を傷つけた。時代は彼を翻弄し、結果、まるで大木のような神経を彼に与えた。

少年のころから、彼は嘘が上手につけた。生き延びるための術を心得ていた。戦争は大嫌いだった。日本独自のナショナリズムを受け入れられなかった。反吐《へど》が出そうだった。

三國の人生観は、とっくに出来上がっていた。いくつかの負の遺産から彼は生まれ、やがて、「三國連太郎」になった。強烈な自我を持つ役者となった。

「『ビルマの竪琴』は、たいへんやりにくかった。いろんな場面で、『違う』と思ったことを覚えています。

監督とも、ずいぶん話し合いをしたんじゃなかったかな。もうだいぶ前のことで、詳しくは覚えていませんが」

市川崑は驚いたかもしれない。デビュー五年目のまだ経験の浅い役者が、臆せず重ねる提言に。

「市川さんに限らず、他人がどう思うかなんて、僕はこれっぽっちも気にしません。一度も気にしたことがない。自分の信じるところと違えば、それがどんな監督であっても、意見を聞いていただきます。

僕はエゴイストなんですよ。他人が失敗するのは一向に構いませんが、自分が失敗するのは許せない。言い争いも、しょっちゅうでした。こだわりのある、頑固な連中が多かったですからねえ、あの時代は。

生意気なようですが、監督は、作品に自分の首を賭けなきゃならんと僕は思うんです。

それは決して難しいことじゃありません。やろうと思えば、誰にだってできる。それに、これは本心から言うんですが、優れた監督、優れた脚本家と認めた人により反発していました。それが癖なんです、僕の」

むろん、三國は自身にも強く求めた。芝居にできうる限りの真実を重ねよ。お前にしかやれない芝居をしろ。できないのなら、そこにいる価値はない。さっさと辞めてしまえ。

「僕の人生には、絶対に動かせない優先順位があります。常に『役者、三國連太郎』。映画はやはり、それくらいの良心を持って創らないといけないんじゃないでしょうか。僕のことを『扱いにくい役者』っていう方がいますけどね。僕はそれを、僕に対する『評価』だと考えます。

ただ、それが陰口として伝わってきた場合、その方の作品には、もう二度と出演しません。意味がないですからね。僕は仕事では負けたくないんです。

勝ち負けっていう観点から言うと、くだらない作品に出演してしまったときの敗北感といったらない。ものすごいショックを受けます。

だから、次作では、どうあっても前作を上回らないと気が済まない。上回るまで闘います、自分と。のたうちまわりながら、闘ってきました。それはもう残酷なくらいにね。

昔は、よく映画館に行きました。後ろのほうの席に座って、二本立ての映画を観るんです。

そうやって、自分の演技のだめなところを探しました。同じ作品に出ている役者に負けていると思えば、今度は必ず勝とうと思いました。

負けない努力はしたつもりです。

数えきれないくらいの舞台を観ました。『あんなに芝居を観ているのは、才能がないからだ』って思われないように、こっそりと。

突然、新劇に出たりもしました。新劇の中にあるものを知り、そこから学びたかった。もっと自分を訓練しなくちゃいかんと思ったんです。素踊りなんかでも、自前で習いに行きましたからね、浅草に。芸者衆をあげて、遊んでいるふりをして練習しました。

本をたくさん読んだのもそう。役者にとって、文学ほど有益なものはありません。成長させてくれる、唯一無二の栄養です。なにより、大切だと思っています。

うんざりするほど、僕は探しました。自分に欠けているものは何か。そればかりを追求してきた気がします」

必ず勝とうとしていたとき、彼はどんな顔をしていたのだろう。ちょっと考えてみたけれど、想像がつかなかった。

ふだんの彼は、喜怒哀楽がどうにもわかりにくい。感情は整然と抑えられ、めったに表に出てこなかった。

それがなぜなのかを、以前、尋ねたことがある。そのとき彼は、ロダンの「考える人」のような雰囲気を湛《たた》え、重々しく言った。

「我慢しています」

三國は、多くの人が従う体制に、従うことができない。でも、多くの人が感情的に過ごす日常なら、なんとか堪えることができた。

我慢できなくなれば、日常を丸ごと、きれいさっぱり棄ててしまう。実際、三回ほどそうした。

言うまでもないが、多くの人はそんなふうには生きない——生きられない。感情を抑え、我慢しているのは、周囲のほうかもしれない。彼、三國連太郎ではなく。

三國は今は熱いコーヒーを飲みながら、一口大にカットされたスイカとキウイとチェリーとメロンを食べている。

三國にふたたび訊く。それで、欠けているものはわかったのですか。

「わかりません」

彼は妙に力を込めて、言った。即答だった。では、闘いはまだ続いているのですね。

「ええ、続けています。僕はもっと高いところに行きたい。恥ずかしい言い方を許してもらえれば、誰も追随できない存在になりたいと願っているんです」

三國は果実の皿を置く。皿にはチェリーの種が三つ乗っている。彼は口ではなく、大きな目で促す。で、次の質問は？

急いで、尋ねる。長い闘いを支えてきたものについて。

「難しい質問ですが、強いて言えば、敗北感でしょうか。普段、僕は僕の中にある敗北感を極力消してしまうようにしています。僕は、人の噂で敗北感を味わうことはありません。自身が感じる敗北感と闘っている。

舞台を例にとりますとね、どんなに僕の評価が高くても関係ないんです。僕は思います。さあ、さらに稽古を重ねよう。絶対に、抜かされないようにしようってね。

自分がわずかでも秀でている、いや、秀でているという表現は違います、何かをつかみ取ったという自信を持てないと、役者なんてとても続けていられないですよ」

実を言えば、こういう話は、三國と何度も重ねてきた。

だが、残念なことに、いまだによく理解できない。敗北とか嫉妬とか、優越とか自信とか。そんな言葉の意味がわからなくなってしまう。

聞けば聞くほど、彼の敗北感は輝かしい勝利として浮かび上がり、揺るぎのない誇りを感じさせた。だが、その一方私は、苦悩、焦燥、恐怖、そして絶望のようなものを、彼に強く感じるのである。

三國は続ける。

「僕は、とても愚かな男です。現実を楽なほうにではなく、苦しいほうに突き詰めていかないと気が済まない。

そうしないと、次の時代の答えにならないという恐怖感があるんですよ。恐怖には、一種の爽快感も含まれるので、僕は四六時中、それを追いかけるわけです。

苦しくもあり、寂しくもあり。でも、それを積み重ねて乗り越えていく中に、何かが見つかる。そんな気がしますね。

さっき言った監督への反発なんかも、そうしないと、階段を上れないような気がするからする。つまり、僕にとって、芝居を受けるということは、己を探すということなんです。

なぜ、そう思うかというと、芝居をすることで、僕が傷つくからです。ちょっと理解しにくいかもしれませんが、僕は傷つかないと、芝居ができません。傷つくことこそ、己の役者人生だと思いこんでいる。

人のいいなりになるのにも、ものすごい恐怖を感じます。だから、死に物狂いで反発をするんです。それに、なんだかいいなりになるのって、堕落だと思いませんか？」

堕落。それは「あてのない放浪」や「詐欺的日々」に当てはまりはしないだろうか。

たとえば、彼の若き日々のような。

「際限なき恋」は、役者になってからの彼の日々に加わる。妻子ある男が重ねる、ほとばしる刹那はどうか。なんと呼べばいいのだろう。

三國に訊く。役者になるまでの日々、あの荒廃は堕落とは違うのですか。

彼はしばらく考える。そんなふうに考えているとき、彼はある意味、完璧だった。己を探している男ではなく、創り上げた男に見える。

ただ、傷の存在は、すんなり理解できた。彼は深い傷を負っている。腋の下の傷より、はるかに暴力的につけられた傷を、身体のそこかしこに抱える。

「うーん……、どういうふうに言ったらいいのでしょうか。

今、指摘されるまで考えたことがなかったんですが、僕の放浪は、あれは、うーん、怒濤のように押し寄せ、迫ってくる『暴力（僕はそう感じていました、と彼は言う）』を撥ねかえそうとしたのかもしれないですね。

日本から逃げて、大陸に紛れてしまえば、戦争を自力で排除できるんじゃないかと考えたのかもしれません。そういう過程が僕にとって大事だったのではないかと」

結局、彼は堕落については言わなかった。自己を他人事のように分析し、納得したように言った。

「まあ、男は非現実的な願望を持つものですからね」

正直なところ、彼は自分の過去にあまり興味を持っていない。堕落していようがいまいが関係ないのだ。

「僕みたいな無能に属する人間はね、無駄遣いを山のようにするしかないんですよ。放浪するのもそう。人に嫌われるのもそう。すべてを失うのもそう。

何かの代償なしに、人は成長できません。以前、浩市が、『うちの親父ほど頑固な人間を見たことがない』と言っていましたが、僕は僕ほどナイーブな男はいないと思っています」

そう言って、彼はちょっと言葉を切った。彼はもちろん、ユーモアのつもりで言ったのだと思う。

私は笑った。ナイーブの意味をご存知なのでしょうね。彼も笑う。ええ、知っているつもりです。知性を感じさせるスマートな笑い方だ。

三國は十分にわかっている。自身が決して無能でないこと。そして、私にもわかっていることがある。

三國は、繊細な男だ。大木のような神経だけでは、人は決して傷つかない。

「僕が今思っているのは、自分の生きざまを虚名として残してはいかんということです。スターさんの中には、『名優』とかなんとか呼ばれて、いい気になっている人たちがたくさんいるでしょう。二枚目を気取って、ね。

そんなの、僕にはまったくの虚名としか思えない。そういう存在には、絶対になりたくないというのが、僕の偽らざる気持ちです。

才能の乏しい僕が、長く役者としていられるのは、僕の生き方が許されたからだと思っています。僕は普通の人より、努力をした。鉄の意志で関わった。役者としては、それほど間違っていなかったんじゃないでしょうか。ええ、そう思います」

これが、「高いところ」でした話の一部だ。

それからしばらくして、彼は寝る準備を始め、私は「おやすみなさい」と言って、部屋を出る。

夜は深かった。でも、駅まで行く道は明るかった。コンビニの前の椅子には、まだ人がいて、笑っていた。

第七章　セックスほど滑稽なものはない

二〇一一年、季節は冬に向かっていた。でも、まだ暖炉を燃やすほどには寒くない。床暖房のせいで、部屋はほどよく暖かく、とても静かだった。

三國連太郎は、コーヒーを飲んでいる。

流れていた音楽は、たしかモーツァルトだったと思うが、今は止まってしまっている。プレイヤーは外国製だ。見たことのない形をしていた。時刻は、夜ということ以外わからない。腕時計は外していたし、携帯電話は鞄の中にある。

「ところで」

と、三國は言った。

分厚い、幅のある、木のテーブルを挟んだところに彼は居て、斜めに私を見ている。何かを思い出したみたいに、ごく普通に、さりげなく言う。

「この世に、セックスほど、滑稽なものはないと思いませんか？」

コノヨニ、SEXホド、コッケイナモノハナイトオモイマセンカ？

そう、聞こえた。正確には、訊かれたようだった。

だけど、唐突だったので、もしかしたら聞き間違いかもしれない。

「何が、『滑稽』って仰いました？」

「セックス、です」

聞き間違いではなかったし、もちろん、どんな類の冗談でもなかった。

彼はいつも、そんなふうに話を始める。

宗教とか国家とか民族とか、天皇制についてとか。六十代、七十代であったころ、三國は好んで、それらについて語った。

聞き手には、相手がその道のエキスパートでもない限り、とくに意見を求めなかった。答えを、期待しなかった。

この夜も、思いついたことをそのまま、脈絡なく、ぽんと放りだすように口にしたのだと思う。

八十代になってから、三國は私との会話に、「性」を加えた。

以前もまったくしなかったわけではないが、八十代前半のように、深くはしなかった。

まるで小説を読み聞かせるように、静かに、丁寧に、詳細に、彼は性を語る。

「セックスは、愛でも恋でも、遊びでさえもありません。単なる放出、性の解放なんじゃないかと思いますね、僕は」

彼は、他人がどう思うかなんて、これっぽっちも気にしていなかった。ぜんぜん関心がなかった。

性にかかわる表現を、いささか露悪的に、おそらくは意図的に、多用した。

口調は不思議なくらい、まったく冷めていた。なんだかとても礼儀正しかった。

ときどき、何かの講義を受けているような気がした。何かを試されているような気もした。

私は訊く。いったい、どこが、どんなふうに滑稽なのですか？

彼の中で、それは自明のようだった。

「えっ、あんなに滑稽なものはないじゃありませんか」

彼は、心底意外という顔をしてみせる。ちょっと笑った。笑って、それ以上は教えてくれなかった。

そのかわりに短く言った。

「僕には、傷がありますから」

三國には、社会に貼られたいくつかのレッテルがある。「プレイボーイ」、「奔放」、「性豪」などがそうだ。

彼はそれらを、

「ぜんぜん違います」

と否定するが、女性との関係はまったく否定しない。

「やたらに多かったと思います」

と言う。

「滑稽」は、重ねた、たくさんの交わりから、三國が感じた答えである。

遊びにもならない行為から、彼はいったい、どんな傷を受けたのだろう。

三國連太郎は、三度離婚して、四度結婚をしている。それは、あくまで戸籍に記載されている事実であって、すべてではない。

交わるという意味で言えば、「四人」なんて、十代半ばには済んでいたのではないか。

彼は成長の早い少年だった。身体もそうだが、心もずいぶん早く大人になった。

「あれは、小学三年のころでした。おふくろはまだ僕にはわからないと思っていたようです」

幼き日、三國は、母とその友人たちのする生々しい話を耳にする。

「あの男と寝てみたい」

と誰かが言った。

違う誰かも言った。

「あの男より、こっちの男のほうがいいと思う」

その場は嬌声に包まれる。品のない笑いで満ちる。

「『卑猥で、生々しい話』をしていました。やっぱり、ああいう類の話は、子供の前でするものではないですね。してはいかんと思います。

僕の場合、ある種の女性不信に繋がりました。おふくろがしていた猥談が、まだ耳に残っているんです。それが、何かの拍子に、ふっと蘇る。嫌な気になりますね、今でも。

おふくろは、『馬鹿』がつくほど優しい女でしたが、あのときは、裏の顔を見たような気がしました。僕の女性遍歴は、それと無縁ではありません。大きくかかわっています」

と、三國は言った。

少年は心に傷を負った。そして、それからわからなくなった。

自分は、女を愛しているのか。憎んでいるのか。どっちだ。心が痛んだ。傷は、深かった。

少年は十二歳で、はじめて母ではない女の肌に触れた。

女は身体を売る商売をしていた。「抱いた」と言えるだろうか。うまくは、交われなかった。でも、たしかに触れた。

「僕は、ませていましたからねえ」

私は、三國連太郎に、消え入るような、はかなさを感じることがある。そのはかなさゆえ、彼は極上なのだと思う。愛されるのだと思う。

だけど、三國が「愛した」女性は、そう多くはない。

役者になる前も、なってからも彼は、女性に不自由しなかった。婚姻関係にあったときでさえ、自由だった。

そうだからと言って、彼が誰かを愛していたとは限らない。

「すぐに飽きちゃうんですよ。いや、飽きるのではないですね。ときめかなくなる。ときめきがなくなったら、男と女なんて終わりでしょ。一緒にいる意味がない。ですから……」

彼は、すぐさま関係を壊してしまう。そのほうが、ストレスがないと言う。

「だいたい、僕は女の人を信用していませんからね。女性観の根底にあるのは、まぎれもなく不信です。もう、消しようがない。

それに、経験から言わせてもらえれば、経済力がお好きな方が多いですね、女性には。経済力がなくなると、女の人はみんな去っていきました。まあ、それは僕の不徳の致すところだと反省していますが」

ところで、三國連太郎の最初の「結婚」は、こんなふうだった。

ただ、それが戸籍上、はじめてであったかどうかを、私は確認できていない。彼の言葉だ。

「一度目は、僕が戦地に行く間際でした。戦争では死なない。絶対に生きて帰ると心に決めていましたが、心のどこかに、『これで終わりになるかもしれない』という思いはありました。

僕は『終わり』になりたくなかった。で、結婚しておこうかって。よくわかりませんが、血のつながりのようなものが欲しかったのかもしれません。

だけど、それは、僕が戦地にいる間に破綻します。心細かったんですかねえ。彼女、できちゃったんですよ。ほかの男と。

僕が中国にいるとき、手紙が来ました。『ひとりでは暮らせない。生きていけない』という内容だったと思います。

戦後、引き揚げてきてから、彼女の里（岡山）を訪ねました。状況は手紙でわかっていましたが、きちんと自分の目で確認したかった。

実家まで行くつもりでしたが、その必要はありませんでした。最寄りの駅で、偶然、姿を見かけたんです。小さな赤ん坊をおぶって、芋と、何か食料品のようなものを売っていました。それを見て、すぐに引き返しました。声もかけませんでした。

僕は、二年、戦地にいました。子が産まれるわけがない。僕はいないのですから。あの赤ん坊は、僕の子じゃありません。

ずいぶんあとになって、僕が役者になってからですが、手紙がきました。『会いたい』と書かれていましたが、僕は会いませんでした」

それでよかったと思っています、と彼は話した。

まるで文学のような出会いであり、別れである。

この女性と思われる人の話を、三國はあちらこちらでする。面白おかしく、笑い話にしたりして話す。だから、私は彼が、彼なりにその人を愛していたのではないかと考えている。

三國の人生には、数多くの女性が登場した。でも、彼が覚えているのは、ほんの少しだ。数人しかいない。

彼は「愛ではない」と言う。もし、それが愛でなくても、彼女は特別だったと思う。

二度目の結婚は、愛なくして、した。

三國はそれを二度目として話すが、戸籍上は「はじめて」だったかもしれない。婚姻は、中国でなされた。既婚者は独身者よりも、早い復員が許されたからである。

「僕はとにかく、早く日本に帰りたかったんです。そのために、無理やりな結婚をしました。

籍に入ってくれれば、相手は誰でもよかった。実に、単純な動機です。でも、結婚してみるとうまくいきませんでしたね」

それはそうだろう。うまくゆくわけがない。いまさら言うまでもないが、三國はとても複雑で、著しく難解な人間である。「愛」という錯覚さえない関係を、維持してゆけるはずがない。

彼はきっと、はじめから「うまくやる気」なんてなかった。

それに、彼にはこのとき、「妻」がいたのではなかったか。日本に残していたのではなかったか。

三國に訊くと、彼は決まって、

「さあ、どうでしたかね。昔のことで忘れてしまいました」

と言う。

少しもうろたえず、平然と、どこか挑戦的な笑みを浮かべ、

「どうぞ、戸籍を調べて下さい」

と言う。

その様子を、私はいかにも三國らしいと思う。

三國の話には矛盾がある。実体がどこにあるのか、さっぱりわからない。とくに、七十年近く前の恋愛については、彼の言葉しか資料が残っていない。過去に「事実」として報道されている話。私が聞いている話。重なる部分もあったが、うんと違うところもあった。

一度目、二度目、三度目の話は、個々に聞いた。三國と出会って二十年以上経つが、その間にゆっくり知った。だから、つじつまが合わないのに気がつかなかった。気がつくのが、遅すぎた。九十歳に近い最近の三國は、真実、過去を忘れている。

いつ籍を入れて、いつ抜いて、いつまた入れてなどは、彼の人生においてまったく問題ではなかった。そんなの、どうでもいい。だから、忘れた。

もっとも、二度目の結婚には、実体がある。彼はこの結婚で、女児の父親になっている。離婚後は彼が引き取り、面倒を見た。

また、彼が話す「最初の妻」も、同時に実在したのだと、私は信じられる。

戦前、戦中、戦後。その激動の時代にも、三國は自己を一歩も譲らずに生きている。国家、権威、権力と、ある意味命がけで闘い、生き抜いた。

女から女へ渡り歩くくらい、たやすかっただろう。顔色ひとつ変えず、騙せただろう。

もしかしたら、彼には、騙す気はなかったかもしれないとさえ、思う。

たとえば、「今夜、一緒にいたい」と彼は考える。それは、嘘ではない。

だけど、一夜をともにしたあとは、「もう二度と、この人と会いたくない」と思う。それは、彼の正直な気持ちであって、嘘ではないのである。

そのあたりのことは、何度も話した。

「朝に嫌になる人と、どうして関係を持つのですか?」

「誘われるからです。誘われて、会ってみたが、そのあと、とくに一緒にいたいと思わなかった、ということでしょうか」

「だったら、誘いをお断りになればいいじゃないですか」

「いや、それは断れないですよ。知っていますか？　男には、女に襲われることがあるんです。

そういうことが、けっこう普通にあったような気がします、僕の場合。男女関係において、僕から何かを始めたことは、少なかったんじゃないかな。『性の解放』のために、吉原とか玉の井には行きましたけどね」

三國は自身の心情に、あるいは欲望に、徹底的に正直な男だ。

彼は、昔、こんな発言をしている。

「大体わたしは酒も飲めないしセックスには弱いほうなんで、ピューリタンとはいわないが、自分が真剣に打ちこめない女とそういうつき合いをしたことがない（一九五三年一月、新聞紙上。新聞名不明）」

私は三國から、これと同じ趣旨の話を、繰り返し聞いている。

だから、彼の感覚ではそれが事実で、何も矛盾はないのだろう。

だが、いくらなんでも、「ピューリタン」は言い過ぎだ。ユーモアのつもりだったのかもしれないが、笑えない。

彼の三度目の結婚は、役者になってからだった。

「相手は、花柳界の人です。三味線をうまく弾きました。名手でした」

と、三國が話す結婚は、過去の報道にも詳しい。

報道がなされていたとき、彼は妻帯者であった。

「あのときは独身ですよ。牛込に住んでいたころでしたから」

でも、それは記憶違いのようだ。

一九五二年十月の「東京日日」は、こんな騒動を書いている。

「遂に離婚訴訟へ。本妻は『(元神楽坂のナンバーワン芸者との同棲報道が) 事実ならば法廷に訴えます』としている。

本妻は、このほど『離婚訴訟』に関する一切の手続きを弁護士に依頼した。

弁護士は近く『内容証明』を送付すると言うが、映画スターの離婚訴訟は日本映画界では珍しいことだけに大きな話題をなげかけるものとみられている(記事内では、登場人物すべてが実名。以下同)」

さらに記事は、担当弁護士の言葉として、

「本妻は芸者との関係を新聞で知り決心を固めたようだ。三國くんと一度会ってから法的な手続きをやりたいと思っています。

二人の関係からみて二百万円程の慰謝料は彼女の立場からみて当然の要求かも知れない。三國くんが人気商売なだけに公にしたくはないが……」

と伝え、三國の言葉として、

「どういうことかさっぱり判りません。弁護士と会った上私としての態度をはっきりしたいと思います」

と、伝えている。

三國はかつて、こんなふうに言っていたことがある。

「僕はいささか『虚』を重ねすぎたようです。だから、誰かに何かを尋ねられても、ほんとうのことを話すことができない。

空しいですよ。空しくて、話すのが嫌になります。まあ、全部、自分の蒔いた種ですがね」

あれもこれも、それも。すべてが「虚」なのだろうか、彼の愛は。どこかに真実はあるのだろうか。

二度目の結婚は、過去の報道をたどれば、戦後日本でしたことになっている。そして、結局、それは「きれいな形」で終りになった。うまく、収まった。

三國は妻に、自分の持てるものすべてを渡した。そして、かねてから「恋愛中」だった神楽坂の芸者と結婚する。

「僕、女性と別れるたびに、ひどい貧乏になるんですよ。気がつけば、いつも、すっからかん。四畳半に毛布一枚っていう生活をしている。

でも、後悔はまったくしませんでした。僕は、無心されることが苦痛ではないんです。『欲しい』と言われたから、あげた。それだけです。

結婚は僕にとって、運命でも愛でもないんです。ひどい言い方かもしれませんが、端的に言えば、下宿生活に女が付いてきたという感じでしょうか」

私は、愛が恒久的なものだとは思わない。だけど信じられる誰かに傍にいて欲しいと思う。傍にいたいと思う。でも三國はそうではない。それだけのことだ。

とにかく、私は「下宿生活に女が付いている」のが「結婚」とは思わなかったので、彼に言った。

「不道徳きわまりない、と思います」

三國は答えた。

「そうかもしれませんね」

続けて、言った。

「自分で言うのもなんですが、僕という人間は、結婚には向いていません。基本的に、ひとりでいるのが好きですし、束縛されるのはたまらなく嫌です。我慢できない。

女房、子供のことを、『(自らの)肉体の片割れ』みたいに言う人がいるでしょ? 僕、そういうの、ぜんぜん、わかりません。まったく、理解できない。『肉体の片割れ』っていう感覚、普通ですか？　僕が変わっているのでしょうか？　僕の場合、別れたら、それっきりです。何の感情も残りません。すべて、忘れます。薄情なんじゃないかと思います。僕って男は、ほんとうに。女性から別れを切りだされても、『ああ、そう』としか思いませんからねえ。追いかけようと思ったことは一度もない。だって、追いかけたって、しょうがないでしょう。

戦地から帰って、ほかの男の赤ん坊を抱いている妻を見たときも、落胆はしませんでしたよ。

すごく冷静と言いますか、冷めている自分が怖いくらいでした」

三國の好きな甘い菓子のように言うなら、彼はやはり、傷を負い、深く絶望しているのだろう。

これ以上、「自分は」傷つきたくないのだろう。

もちろん、彼はそんなに単純ではないのだけど、そう書くしかないのだ。

私にはわからない。三國が女性を愛さないわけが。セックスが滑稽なわけが。彼の抱える重い痛みが。

三度目の結婚について、一九五二年十月の「スポーツニッポン」は、「芸能界のサムライ列伝」の中でこんなふうに伝えている。

「女の方は『結婚します』と断言しているが、彼は『結婚するか、どうかわからぬ』と談話を発表」

でも、三國にとって、それは必然なものになった。

彼は一時期、その人と「熱愛中」であったし、すでに同棲生活も始めていた。結果、彼女は妊娠する。

「結婚は、子供ができたのでしました。彼女は浩市の母親です」

しかし、三國によれば、その破綻にも、時間はあまりかからなかった。

「理由は、そうですね。僕の生き方に『とてもついていけない』ということでした。彼女は、ものすごい浪費家でした。花柳界育ちなものですから、着物や帯なんかを、ずいぶん買い込んでいたようです。

大酒飲みでした。毎晩、酔っ払っていました。帰っても来ませんでした。どこで、何をしていたのかはわかりませんけど。

そんなわけで、僕らはわりとすぐダメになったのですが、浩市の不都合にならないよう、結婚だけは続けました。

正式に離婚したのは、彼がだいぶ大きくなってからです。十二かそこらでした。浩市とふたりで十国峠《じっこく》に出かけ、そこで話をしました。

『ここで、お前と別れる。今日から他人になる。一切関係を断つ。これから、ひとりで一生懸命生きてくれ』、そんな内容だったと思います。

浩市は取り乱したりしませんでした。黙って、話を聞いていました。とくには何も言わなかった。そう記憶しています。

僕は結局、薄情なのだと思います。そのときも、浩市をかわいそうだとは思いませんでした」

はたして、それが、十二歳の息子にする話だろうか。ふさわしいだろうか。乱暴にもほどがある。

不幸な結婚に、苦しめられたのは、三國だけではない。佐藤浩市は、不仲な父と母の間で日々「不都合」を、感じていたのではないか。

私は、三國と佐藤が一緒にいるところを、ときどき見る。

とくに用がなければ、もし会わないでいいと言われたら、彼らは会わないで済ますだろう。

だが、そうであっても、三國が佐藤の存在を「嬉しく」思っているのは感じる。

「同業者として言いますが、浩市には、役者としての哲学がない。まだ、持っていないと思います」

三國が、自分以外の役者に興味を示すなんて、なかなかなかった。

彼は、息子の「不都合にならないよう」我慢した。それは、彼にとって、ありったけの譲歩だ。おそらくかき集められた、誠意のすべてだ。

三度目の離婚の際、三國は「法外」な額の慰謝料を支払っている。彼がこういう表現をするのは、きわめて珍しい。

もし、三度目の妻が、よき妻ではなかったとしても、それは支払われるべきものだったろう。

三國だって、けっこう悪かった。過ちを犯している。故太地喜和子との不倫である。

「そう。ありましたね、喜和子とは関係が。あれはたしかに、不倫でした。恋でも、愛でもなかった。だけど、本物だった。

愛してはいませんでした。でも、必要だった。ものすごい刺激を受けました。狂気を感じました。あの人は、天才だと思います」

彼は、太地の話をする。

私の手に負えない話だ。一般的な成長をたどった人間には、手に負えないと思う。

三國連太郎と太地喜和子のセックスについて、私は詳しい。三國が、教科書を朗読する教師のように、包み隠さず、教えてくれたからだ。そんな授業のあと、私はよく寝込んだ。七度台の熱が出て、頭がずきずき痛んだ。誰とも会いたくなくなって、ちょっと困った。

ともあれ、彼はそういう事情で、三度目の結婚を終えた。後悔は、まったくしなかった。

「僕は思うんですけど、結婚というものは、よほどお互いに理解し合わないと、長くは続けられませんね。

一定のもの以上を、どちらかが求めている場合、大きな行き違いが生まれます。

日本には、『分を知れ』という言葉がありますが、夫婦も、分を知らなければいかんのじゃないかと思います」

そのとおりなのだけど、相互理解は簡単ではない。とくに、相手が三國連太郎である場合は、どうにも難しいと思う。

三國は、セックスがなぜ滑稽なのかについて、もう話をしなかった。でも少しだけ、吉原と玉の井の話をした。彼は「性の解放」のために、そこへ行ったのに、その場所を「一種の差別が行われていたところ」と呼んだ。

「吉原はいわゆる公営で、玉の井はそうではなかった。大きな差だったんじゃないかと思いますね。法に認められているのといないのじゃ。

システムも違いましたよ。吉原は大門があって、そこから入りました。入るとすぐに、おばさんが声を掛けてくる。『寄ってらっしゃい、遊んでらっしゃい』って。

昔、映画監督でよく通っているのがいました。売れなかった女性を集めて、まず麻雀。

それから遊んで、朝、電車で撮影所にやってくる。

玉の井には、これくらいの覗き窓がありました。風呂屋の下駄箱みたいに、ぱかんと蓋が開いて、そこから女性の局部を覗かせるんです。

女性はこうやって、客に見せるわけです。それに触発されて、みんな遊んだんじゃないですか。女性たちは、そこへ売られてきて、全部、束縛されている。人身売買ですよ、完全な」

だけど、彼もそこへ行った。

二十センチくらいの木枠の小窓から、女性自らが開く局部を覗いた。

春を、買った。

「僕は、吉原よりも、玉の井のほうが好きでした。庶民的でしたから。

そう言えば、永井荷風《ながいかふう》の『濹東綺譚《ぼくとうきだん》』は名作ですねえ。そう思いませんか」

と、三國は言った。そう思うと、私は答えた。

それから、彼はしばらく黙る。コーヒーはもう飲み終えていた。

第八章　死の淵より

その病院の敷地は三千坪を超える。病床数は二百四十。医師や看護師、理学療法士、臨床心理士、ソーシャルワーカー、介護士ら職員の数は二百八十人以上。

レストランで出される食事は美味しかったし、毎週映画が上映されたり、ペットの同伴が許されたり、提供されるサービスは申し分ない。

だけどその分、毎月、目が飛び出るくらいの料金が請求される。たとえ、四人部屋であっても、である。要するに、あまり一般的な病院ではないのだ。

訪ねようとしている部屋は、エレベーターを降りて、幅のある廊下の角を曲がって、いちばん奥にある。

四人部屋でも二人部屋でも、個室でもない、準特別室だ。

入り口の扉は開けっ放しになっていて、目隠しのために、暖簾《のれん》のような短いカーテンが引かれている。

カーテンはひらひらと揺れている。風が部屋の中から吹いてきていた。軽い、心地のよい風だ。

部屋はそう広くはないが、静かで白の引き立つ空間だった。清潔な感じがする。

中央のベッドはメイキングを終えたばかりなのだろう。寝具はぱりっと白く、皺《しわ》がない。

壁際のテーブルも整理されている。新聞や週刊誌、ティッシュボックス、リモコンがひとかたまりにまとめられ、その横で、ガラスの花器に活けられた花が、白く小さく咲いていた。

窓からは木々の緑が見える。

外を見渡せば、そこかしこに花も植えられている。歩道に沿って、ベンチが置かれている。池には鯉が泳いでいて、餌をやることができた。

ベッドの脇の車いすには、白いアザラシのぬいぐるみが置かれている。移動式のテーブルには数冊の「愛読書」が重なっていたが、それらは、もう読まれることがなかった。

この恵まれた環境で、三國連太郎はゆっくりと過ごしていた。ときおり、書をしたためたり、絵を描いたりした。書や絵には、まだ健康だったころの名残があった。

でも、彼は日々、失っていた。

好奇心とか意欲とか意志とか。辛辣さとか奔放さとか反骨心とか。そういった「らしさ」を少しずつ失い続けていた。

彼は自由でないところには、居たがらなかった。落ち着いた暮らしを嫌っていたし、本能的に我慢できなかった。

二年くらい前、彼はこんなふうに言っていた。ちょっと昂《たかぶ》った感じで、わりと勢いよく言った。

「他の人がどうかは知りませんが、僕の場合、演じられなくなったら、生きている意味がありません。それで、全部お終い。

生きていてもやることがなければ、生きているとは言えないじゃないですか。虚しいだけですよ。少なくとも、僕は『生』に何ら未練を感じません。むしろ、さっさと逝きたいと思っています」

当時、彼はまだ元気だったけれど、別の病院に入院していて、

「早く退院したいものですね」

と、しょっちゅう言っていた。

その病院だって、ぜんぜん悪くなかった。都心にある高層階の広い特別室で、「目が飛び出る金額」よりもさらに高額だったのに、彼は気に入っていなかった。

率直に言えば、それは少しも特別なことではなかった。

病を望む人間も、病室を好む患者もいない。多くの患者と同じように、彼は無力だったのだ。


準特別室を訪ねた日、三國の車いすを押して庭に出た。花にも鯉にも空の青さにも、彼は興味を示さなかった。

暗証番号を入力しないと乗れないエレベーターを使って、屋上のテラスにも出た。日差しが眩しかった。少し寒いような強い風が吹いていた。

三國は紙パックに入った野菜ジュースを飲んでいた。焼き菓子をひとつ口にした。ティッシュでゆっくり口元を拭いた。

私が持っていたネオンカラーのバッグをじっと見て、

「ずいぶん鮮やかな色ですね」

と囁くように言った。

二〇一二年、初秋。生きている三國連太郎に会ったのは、それが最後だった。

二〇一〇年に最初の入院をしたとき、三國は自由に歩いていた。

三食、普通に食事を摂った。毎日のように届けられる、高級なフルーツや菓子を楽しんだ。いつものように、穏やかだった。

堅苦しい本は疲れてしまうので読まなかったが、宇宙の起源についてとか、そういった類のちょっと面白そうな本なら読んだ。

三國はとにかく退屈していて、本や週刊誌、新聞を読んでいないときは、常に何かを話していた。

誰彼かまわずに、というのではなかったが、この頃に限って言えば、「話し好きの人」と呼んでもよかった。

入院は以前に受けた心臓カテーテル術のフォローを兼ねたもので、いわゆる精密検査のような意味合いを持っていた。

入院する前、

「どこか悪いわけではありませんから、時間があったら、ぜひ顔を出してください。お待ちしています」

と、三國は言った。

「はい、お伺いします。うんざりされるくらい、お邪魔します」

と、私が答えると、

「ほう、それは楽しみです」

と三國は笑った。

彼は、自分がそれから弱っていくのだとは思っていなかった。検査が終われば、すぐに仕事に戻るつもりだった。

ただ入院の前、彼は心を痛めていた。老人なら誰もが悩むような類の、ある意味、ごくありふれたもののために。

「どうも物忘れをするんですよ」

三國にとって、それはとても気がかりで、ひどく深刻な問題なのだった。生きるか死ぬか。それくらい、彼は切羽詰まっていた。心臓のことなんて、ほとんど気にもかけていなかった。

三國連太郎の苦悩は、七十代の終わり辺りから始まっていた。彼はそれを誰にも打ち明けなかった。

打ち明けようが打ち明けまいが、事態は変わらない。それにもともと彼は、愚痴が嫌いだった。聞くのも話すのも、嫌っていた。

「だって、建設的ではありませんからね」

建設的でない話をこっそり聞いたのは、静岡にある彼の別荘でだった。三國は八十代に入っていた。

三國は唐突に、苦悩について語り始めた。たぶん、話すつもりなんてなかったのだと思う。でも、つい話し始めてしまったのだ。

「このところの話なのですが」

私たちは、リビングにいる。夏の終わりの午後、暑くもなければ、寒くもなかった。三國は話しながら、指でリズムを取るようにテーブルを小さく叩いている。彼の肩越しに、写真立てが並んでいるのが見えた。

品のいい大小の写真立てには、十枚の写真が収められている。そのほとんどは、三國の孫、寛一郎《かんいちろう》（一九九六年生まれ、二〇一七年に俳優デビュー）の写真である。

寛一郎は、綺麗な男の子だった。笑顔がチャーミングだ。まだ幼いのに、もう華を持っている。きっと道を行くだけで、人目を集めるだろう。

写真には三國と佐藤浩市、寛一郎が正装で写っているものもあった。どこかのスタジオで撮られたようで、古いイタリアを思わせる雰囲気がする。

白い太い柱と壁に下がる観葉植物の緑。丸みを帯びた花器に活けられた緑。その中でハンサムな二人の紳士と美しい少年が微笑んでいる。素敵な写真だ。

三國と佐藤の確執は、巷間《こうかん》言われるほど強烈ではない。

私見だが、かなり偏った、相手に伝わりにくい、自分勝手な愛し方で、三國は佐藤を愛している。三國は、そして、佐藤も決して認めないだろう。でも、長く長く三國と話してきて、私はそう思う。

写真に気を取られていると、三國が少し力を込めて言った。

「記憶力が落ちたんです」

　正直に言ってしまえば、それは深刻には聞こえなかった。口調は淡々としていたし、表情もいつもと変わらなかった。かつてと同じように、過去を詳《つまび》らかに語ることができたし、言葉に詰まることもなかった。記憶の欠落も感じられなかった。

　三國は自嘲するように、続けた。

「台本にしろその辺の本にしろ、前は一度読めばよかったんです。それで、だいたいは頭に入りました。近頃では、何度も繰り返して読まなければいけない。勘違いも多くなりましたし、困ったものです」

　三國は非常に頑固な男で、いったん言い出したら、それを覆すのは難しい。しかし、だからと言って、見え透いた相槌を打つわけにもいかない。第一、彼はまったく「困った」ふうには見えなかった。

「三國さんのご記憶は鮮明です。いつも感心しながら、お話を伺っています。それにたとえ、もの忘れが増えているとしても、不思議はないのではありませんか。お歳を召されたのですから」

　そのとき、彼はそれまで見たことのないような顔をした。

　目が欠伸をした後のように潤んでいた。頬が弛緩したように、すっと垂れた。

　少々芝居がかって見えたが、実際のところは、よくわからなかった。彼はほんとうにわかりにくい男なのだ。

三國は、私を見ていた。そして、妙に丁寧に言った。

「ここだけの話ですが、僕はときどき、あなたの話す言葉の意味が理解できないことがあります。

そういうとき、背筋がぞおっとするんです。先のことが、ちょっと怖いような気にもなります。

僕、大丈夫ですか？　あなたの知りたいことに、ちゃんと答えられていますか？　何か気づいたことがあれば、教えてください」

三國は普段、自分のことを「僕」と言う。でも、ときには「俺」と言うこともあった。話に熱が籠もるとそうなった。そんなときには、私のことも「あなた」ではなく、「君」と呼んだりした。このときは違っていたが。

私が、わかりました、そういたします、と答えたのを機に、彼はぷっつり話を止めた。自分の話したいことを話したいだけ話してしまうと、一気に熱が冷める。それが三國の癖だった。

表情には、不思議なくらい感情がなかった。

「先のことが怖いような気がする」

その絶望を、彼はいったいどこに隠したのだろう。嘘のように、消してしまった。もう、辿れない。ただ、絶望がほんものなのは、なんとなくわかった。背筋がぞおっとしたからだ。彼が話していたときの目が、私は怖かった。

三國が話を止めてしまったので、代わりに飾ってある写真を一緒に見た。彼はすでに、孫の成長を喜ぶ祖父の顔になっている。嬉しそうだった。

将来、役者になってほしいかを尋ねると、

「さあ、それは本人が決めることですから何とも」

そう三國は言い、続ける。

「だけど、僕は向いていないんじゃないかと思っています。役者になるには、この子は幸せ過ぎるんです。大勢に愛され、大事に育てられていますからね。

役者には、傷が要ります。不可欠だと言ってもいいでしょう。

浩市もそうです。傷を抱えています。そのせいで、若い頃はだいぶ尖っていました。強く反発しましたし、周囲に対する不信も深かった。今でも、人を信じ切れていないのではないですか、浩市は」

彼は、少年だった佐藤を妻の元に残し、離婚している。

別荘のリビングの一角を飾る写真には、さまざまな思いが、複雑に絡みついている。

「三國連太郎」の妻や子でいるのは、なかなか大変なのだ。彼らの日々は、さいころを転がし、運、不運を試すような危うさの上にある。

「浩市さんの傷には、三國さんの影響が大きいのでしょうね」

と、私は言う。

三國はまたさらりと言う。

「ええ、そうだと思います。そのことは自分でもわかっています」

そんなわけで、入院時、三國が心配していたのは一種の「老い」であって、身体ではなかった。

三國は若い時分から、健康には自信があったし、飲酒もしなかった。

一方、煙草はかなり好きだった。とても格好良く吸った。

「煙草はいっとき止めていたんですが、最近また吸い始めましてね」

という状態で、彼は検査のための入院をする。二〇一〇年夏、著名な病院の高層階、特別室にだ。

三國は入院直後からひどく退屈していて、たびたび、

「煙草が吸いたい気分です」

と言っていた。

三國は傍目には元気に見えた。心臓の検査を無事にクリアした。だが、検査が進むに

つれ、状況は変わってゆく。ある日、昼に病院に行くと、彼の妻が待ち構えていたように言った。

「今、検査結果が出たんだけれど、手術が必要なんですって。困ったわ。どんなふうに伝えようかしら。三國は手術なんてしないって言うに決まっているもの」

そこまでの話を慌ただしく聞いて、私は病室に入る。妻は、医師に用が残っているからと言い、下階へ降りていった。

大腸の検査を終えた三國は、青いガウンのような検査着を着ていた。

「点滴が外れたら、パジャマに着替えようと思っているんですが、これ、まだだいぶかかりそうですね」

手の甲の辺りに針が留置され、点滴が落ちていた。落ちるのがひどく遅い。夜までかかりそうな感じだ。

三國は静かに微笑んでいた。顔は白っぽかったが、よく話をした。

「内視鏡は、とくに痛くも痒くもありませんでした。ただ、昨夜から固形物を摂っていないので、腹が減っています。

今は、早く家に帰りたいです。入院以来、それればかり思っています。僕は昔から、病院が苦手なんです。空気が嫌です。はっきり言って、居るだけで気が滅入ります。

検査もそろそろ終了じゃないかと思っているんですが……。ええっと、いつ退院でしたっけ、僕？」

予定では数日中に、彼は帰宅できるはずだった。でも、予定は変わったのだ。ゆっくり落ちている点滴液の中には、貧血を改善するための鉄分も入っている。加えて糖尿病関連の値もかなり悪かった。これから加療が必要となる。また、手術をするとなれば、術後の経過観察も要る。

さらに三國は高齢であり、持病も抱えている。所見、予後によっては、入院は長引くだろう。彼はまだ、帰れない。

「退院は、検査結果と照らし合わせてからと伺っています。結果が出揃うまで、もう少しかかるかもしれませんね」

「僕はどこも悪くありません。自分のことは自分でわかるんです。とにかく、一日も早く帰りたい。帰って、仕事をしたいんです」

それから三國は、炭酸の入った水を一口ずつ、むせないように気をつけて、ゆっくり飲んだ。

飲みながらまた、

「退院はいつになるんでしょうね」

と言った。

ベッド脇の椅子に座り、私は嘘を吐き続けた。

「きっと、もうすぐですよ」

ときどき、私も炭酸の水を飲んだ。水は外国のミネラルウォーターで、緑色の小瓶に入っている。

「美味しいですね、このお水」

「ええ、口がさっぱりするので気に入っています。うちにたくさん買い置きがあるけど、まだ飲んだことなかった？　今度、来たとき、何本かお持ちなさい」

気を許すと涙が出そうだった。

しばらくすると妻が帰ってきて、言った。

「あなた、今後は甘いものを控えなくちゃだめ。糖尿病の数値、ひどかったの。で、この間、目の検査もしたでしょう？　あれも最悪。失明寸前だったんですって」

三國は黙っている。

表情をまったく変えない。彼にとってはぜんぜん大したことではないのだ。

「寸前」であったとしても、現在「失明」はしていない。読めないものも、見えないものもない。重要なのは、その点だった。騒がなくてもいい。

妻は続ける。

「それでね、今日の大腸の検査でポリープがいくつか見つかったの。内視鏡で取れるものは取っていただいたんだけど、取り切れないものがあって、それは手術で取るしかないみたい。

詳しいことは先生から説明があるけど、来週、おなかを切ることになったわ。仕方がないわね。取り切れなかったんですもの」

たぶん、この日が始まりだった。

ひどくゆっくりだけれど、砂時計が落ち始めたのがわかった。

三國連太郎は定めに従い、肉体を葬るために、死の方角へ向かい始めたのである。

「手術はしません」

と彼は言った。

電動のベッドは上部が起こされ、三國の身体も斜めに起きていた。

彼は妻を見ていた。視線は冷たく、ひどく怒っているのがわかった。

「これ以上はもういい。僕は家に帰りたいんだよ」

三國は譲らなかったし、妻は譲ることが出来なかった。

部屋の温度は二十八度だった。三國が風邪をひかないように、高めに設定されている。でも、盛夏の午後は暑くて、彼は額に薄く汗を浮かべている。

ふたりはそのまま、話を止めてしまった。何の進展もないまま、終わってしまった。

このとき、どんなに言葉を尽くしても、三國を説得できたかはわからない。さらに「手術をしたくない」気分になって、さっさと退院してしまったかもしれない。

その日はなんだかすべてがうまくいかなかった。

夫妻がすっかり黙ってしまったころに若い医師が現れて、アメリカの医療現場のようなドライな発言をした。

「三國さん、手術することになりましたからね。午前中の内視鏡の時に、切るところに印をつけてあります。二か所切ります」

と言ったのである。

医師は紫がかった手術着のようなものを着ていた。白衣でない分、権威は感じなかったが、物言いはかなり高圧的だった。

三國は彼に対しても何も言わなかった。相変わらず、黙っていた。

ただ、その先、入院が長期化するに従い、三國が自身の状況に疑念を覚えていたのは事実である。

闘えど闘えど、一向に上向かない状況に絶望を隠さない日もあった。

だが手術を告げられた日は、いかにも三國連太郎らしく怒っていただけだった。

医師と妻がいなくなってから、三國は憤懣《ふんまん》やるかたなしといった様子で、

「納得がいきません」

と言った。

「あのね、いいですか。みんな、軽く『切る、切る』って言いますが、切られるのは僕

の腹ですよ」

彼は、ポリープについては、ぜんぜん触れなかった。詳しい状況には、一切興味がないようだった。なぜだかはわからない。

「僕のことを、僕に何の相談もなしに決めるというのはおかしいじゃないですか。そう、思いませんか？

手術が決まったって？　冗談じゃない。僕は承諾もしていないのですから」

三國は手術を怖がっていたのではない。怯えてもいなかった。

きわめて率直に言ってしまえば、このときはたぶん、入院の延長が耐え難かったのだと思う。

彼は怒っていた。とにかく、家に帰りたがっていた。

夕方六時頃、佐藤浩市夫妻と子息が来室した。

彼らはもちろん、いろんな心配を抱えてやってきたのだが、様子はあくまで、ふらりと寄ったという感じだった。

佐藤はデニムにTシャツ、ラフな格好をしている。でも、スターの放つオーラはすごくて、病室は一瞬で雰囲気が変わる。

三國は、孫と会えたのが嬉しそうだった。表情が柔らかくなって、目を細くして成長した孫を見ている。嫌なことは忘れてしまったようだ。

佐藤夫妻には医師たちと会う用事があった。私は何度か帰ろうとしたのだけれど、そのたびに三國の妻に引きとめられた。結局、病室には三國と孫と私が残る。

「ちょっと私服に着替えていいですか？」

孫は制服を脱ぐときに、そう言った。

彼は礼儀正しい少年で、幼いときと同じように綺麗だった。

「ずいぶん背が高くなったんじゃないか」

と三國がベッドの上で言う。

点滴はかなり少なくなっていた。

「うん、この一年で十七センチも伸びた」

と孫は答え、ソファで本を読み始める。

「おなかが空いただろう、冷蔵庫のものはなんでも食べていいぞ」

と三國は言ったが、冷蔵庫にはヨーグルトとさくらんぼ、それにふりかけのようなものしか入っていなかった。

三國の妻と佐藤夫妻が戻ってきたとき、医師団も一緒だった。医師が二人、看護師が二人いた。

長い白衣を着ている医師が、丁寧に話し始める。

「今日、内視鏡の検査を受けていただいたのですが、そのとき、内視鏡では取りきれないポリープが見つかりました。

ですので、こちらとしましては、外科的な対応をしていきたいと考えています。来週、手術をします。術後数日は、多少痛みが出ると思いますが、麻酔科の先生とも相談して、なるべく少なくて済むよう対処します。何かご質問、ご不安があれば、いつでも遠慮なく仰ってください」

そういった内容の、ごくありきたりな話だった。

三國はその間、二度くらい「はい」と言っただけで、どこをどのくらい切るのかを尋ねなかった。ほかの選択肢の有無や手術に関する詳細も求めなかった。治療のメリットもリスクも訊かなかった。

医師たちは、安堵したように見えた。周囲に浅く会釈し、儀礼的な笑みを浮かべ、去っていった。

佐藤の妻が、

「ひどくならないうちに見つかってよかったですね」

と言った。彼女は白い、夏らしいワンピースを着ている。美しい人で、かわいらしい声をしている。

続けて、佐藤も言った。

「手術、午前の最初って聞いたけど、症状が軽い人から順番にやるんじゃないの」

三國は押し黙っている。たぶん、また怒っていたのだと思う。口を開くと怒鳴りたくなるから、我慢していたのだ。

彼の不機嫌な沈黙は、生理的な欲求によって破られた。三國はその日、ずっとおなかが空いていたのだった。

何かが変わるきっかけが、劇的なものとは限らない。

「この辺にうまい寿司屋があるらしいね。今からそこに行こう」

彼はベッドから起き上がり、服に着替えようとして点滴に気がついた。なんだ、着替えられないじゃないか。

「みんな、おなかが空いてますよね。近くにカレーのお店があったので、子供と一緒に買ってきます」

と佐藤の妻が言い、

「じゃあ、俺は約束があるから。また」

と佐藤は出て行った。

三國の妻は、「読んでおいて」と私に書類を渡した。

それは患者家族用の説明、および同意書で、黄色い色をしていた。

患者氏名が記載された下に、病態が記述されている。さらに手術のリスクが併記され、最後に「同意者」として、妻と佐藤の署名がされていた。

病院側によれば、三國はカレーを食しても問題ないということだった。

実際にカレーを食べ始める頃には、長かった点滴からも解放され、彼はけっこう機嫌がよかった。

青が爽やかなストライプのパジャマに着替え、三國はカレーを食べた。

佐藤の妻が買ってきたサラダやコンビニのスープもあって、病室はちょっとしたホームパーティのようだった。

三國は旺盛な食欲を見せた。

ただ、量がいささか多すぎて、全部残さず食べられたのは、孫ひとりだった。

午前から午後にかけての不愉快な沈黙は影を潜め、食事中も食後も、彼は機嫌がよく、楽しげだった。声を上げて、笑うことさえあった。

みんな、美味しい食事がしたかったのだと思う。手術が告げられた日に、病室で愉しめることとなんて、それくらいしかなかった。

テイクアウトのカレーもコンビニのスープもご馳走である。翌朝から、三國は薄く味付けされた、療養食を食べることになっている。

三國が「こんなところ」と表現する病室は、一般常識からすれば申し分なかった。

高層階にある病室は、ホテルのスイートルームのようだった。広さも十分だったし、部屋の一方は全面窓なので、見晴らしがよかった。

そこから見る夜景は最高だった。宝石をちりばめたようで、三國もそれだけは気に入っていた。

ある夜、窓際の椅子に腰掛け、熱いほうじ茶を飲みながら、彼は言った。

「僕は昔、宝石商にずいぶん顔が利きました。だいぶつぎ込みましたからね。新宿にあった店によく行きました。

女性はああした品を好みますねぇ。僕の記憶では、ひとつでは満足できない方が多かったように思います」

「三國さんが女性をお好みなのと同じ感覚なのでしょうか。おひとりでは満足できなかったところなんか、そっくりです。ほんとうによく似ていらっしゃいます」

三國は、声に出して笑った。そんなふうにして、夜景はいつまでも眺めていられた。

「こんなところ」の美点は、まだあった。

キッチンには、小さいけれど冷蔵庫や電子レンジが揃っていたし、収納もしっかり確保されていた。浴槽とシャワーの揃う浴室も、試着室のような鏡の設置された化粧室も、車椅子対応のためとても広かった。灯りには布のシェードがついていたし、室内には、来客用の大きなソファがあった。そのほかの調度品はほとんど木製で、座り心地のよい椅子には、肘掛けまで付いていた。

入院当初そこは、三國家の一室という趣があったのを覚えている。部屋に足りないものがあったとすれば、花瓶だったろうか。初めて届いた生花は愛らしいブーケだったが、風呂桶に活けられた。

あのカレーパーティ以降、三國は怒ってはいなかった。手術の話題にならない限り、機嫌がよかった。

私とは映画の話をたくさんした。

彼は乾ききった砂のようだった。盥《たらい》の水を飲み干すような勢いで、話を、それこそ滔々とした。

「演じるという行為は、実に苦しい作業でしてね。デビュー以来、僕は常に格闘してきました。

真実を探し求めてきた、と言ってもいいかもしれません。探して、探して、未だにわからない。

ときどき思います、俺には才能がないのかって。

ただ、諦めが悪いものですから、こんな歳になっても止められないでいる。僕のように無能な男は、生涯探し続けるしかないんでしょうね。役者は、虚をいかに真に近づけられるかが勝負なんです。

まあ、勝ち負けで言うのも何ですが、少なくとも僕は負けたくなくてやっています。誰にも負けたくありません。死にものぐるいで、傷だらけになり、のたうち回って……。まだぜんぜん足りてはいませんが、僕はたしかに闘ってきた。

そういう意味では、たいへん幸せな人生と言えるんじゃないですかねえ」

私は訊く。幸せって、のたうち回ることがですか。闘い続けることがですか。

三國はちょっと強い調子で答える。

「どちらもです。おかしな言い方かもしれませんが、傷を負い、闘い続けることで、僕は安心するんです。それは、僕が何かを摑もうとしているってことですからね。今も、諦めていないってこと。まだ挑戦しているってこと。僕が生きている証と言ってもいいと思います」

こういう話をしているとき、彼は高揚していて、まるで今にも駈けだしていきそうな熱さが感じられた。でも、実際には彼は少し頭を高くしたベッドに寝ていて、数日後に迫った手術を待っているのだった。

ベッド脇のテーブルには、小さな玉の入った透明の玩具のようなものが置かれていた。深呼吸の練習をする器具だ。呼吸筋を鍛えて合併症を予防するのである。

「こうやって吹くんです」

三國が息を軽く吹き入れただけで、玉はぴょんと跳ねるように、てっぺんまで上がっ不思議だが、三國は手術に関連するこうした話題には鷹揚《おうよう》なのだった。穏やかに、笑って話ができる。

訪ねてくる人たちに対しても、そうだった。

三國は見舞客に関して、ちょっと度が過ぎるくらい愛想がよかった。

だけど、それがあまりよく知らない人のときは、客が帰ってしまうと、

「疲れますね、なんだか」

と言うこともあった。

「人が入院しているところにやって来て、自慢話を長々とする神経がわかりません。僕、ああいう人は苦手です」

手術の二日前には、こんなふうに言った。

「いざとなると身内は冷たいものですね」

三國は、誰も自分の意を汲んでくれないのだと憤った。自分は一度も手術を承諾していないのに、と怒った。

「だいたい手術って、こんなに急いでやるものですか、普通？　僕に身体の不都合が何もないのに？　秋にいくつか仕事が入っているので、それが終わってからなら切ってもいい。僕はそう思っているんです。

でも、それでは駄目だと言われる。だけど、手術には同意書が必要でしょう？　僕、まだサインしてませんよ。書類すら見ていないんですから。いったいどうなっているんでしょう」

と三國は訊く。

どうなっているんでしょうね、と私は答える。

そして、どちらからともなく、手術とは別の話をするのだった。それは偶発的なものではなく、きわめて意識的なものだった。

まったく違う話をしているのに、それぞれが死を思う場面も多々あった。三國が死にまつわる話を好んでするからだ。

「僕、戦時中は中国にいたでしょう。敵前逃亡を得意としていたんですが、それでも、流れ弾には当たりました。

弾丸が腋の横を貫通したんです。ここにその痕がまだ残っています。もう少し逸れていたら、即死だったでしょうね。心臓直撃でしたから。強運だったのもありますが、僕は『犬死にだけはしない』って決めていたんです。

戦地で死は日常でしたが、僕は何が何でも、どんな手を使っても、生きて日本に帰るのだと思っていました」

三國は手術を「死」と結びつけているのか。何度かそう思い、ゆっくりと否定する。

戦時中の強運は、ただの昔話であって、今日の決意ではなかった。

彼のそぶりは「疑う人」とでも呼べばよかっただろうか。

彼は手術を恐れているのではなかった。納得できないことを、人に押しつけられるのが我慢ならないだけだ。自身の意志で動けないのを、許せないでいる。

三國連太郎は、これまでとことん自由に生きてきたし、そうでないと生きられない人間なのである。

「先が怖いような気がします」

別荘で聞いた言葉が甦る。

彼を救うための束縛が、彼を壊すことに繋がらなければいいが。いつも、そう思っていた。

ところで、三國のような八十五歳以上の超高齢患者には、手術のような積極的な治療が見送られることも少なくない。その場合、対症療法や緩和療法をケアの中心に置き、患者をサポートしてゆく。

根治を目標としないケアは、文字通り緩やかであり、行動制限も少ないので、超高齢者治療の選択肢のひとつとなっている。

ただ、それが治療である以上、奏功する場合もあれば、しない場合もある。また、先端医療を担う大規模な医療機関では、当然歓迎されない。後回しにされる。

周囲の誰もが三國を思っていた。

だが、三國はその思いに気がついていなかった。それは、日本の医療現場でときおり見られる患者家族と患者の関係に似ていた。

三國の手術に、私は立ち会えなかった。だから代わりに、ぎゅっと強い握手をした。

「明後日の手術、頑張ってください。お腹の傷はあまり目立たないそうですから、ラブシーンだって演じられます」

三國はパジャマの上から腹部をちょっと撫でた。張りのある声で笑った。わりと、楽しそうだった。

「ラブシーンね、それはどうでしょう。まあ、もろもろ頑張ろうと思っています」

私には、もういくつか話しておくことがあった。

これから遠方へ取材に行くこと。取材から戻ったら原稿を書かなければならないこと。二週間ほど訪ねられないこと。

「二週間ですか。その頃には、僕はもう退院しているので、自宅に顔を出してください。待ってますから。あなたも仕事を頑張ってください。それから、旅行は気をつけていってらっしゃい」

彼は最後まで、手術を控えている患者には見えなかった。

三國連太郎の手術は、予定通り朝いちばんに始まり、夕刻に終了した。

「先生（執刀医）は、手術はうまくいったと仰っていたわ」

当日、夜に掛けた電話で、妻からそう聞いた。

「三國と代わるわね」

手術を終えたばかりだというのに、三國の声はしっかりしていた。とくには痛みも感じないのだと言う。

そのあたりは、医療の勝利だろう。酸素吸入も終わっていたし、麻酔の管理もとてもうまくいったようだった。

「三國さん、手術前につまみ食いなさったんですって？　いけないじゃありませんか」

「いや、腹が減りまして、つい」

大事な手術を控えて、「つい」禁食を破ってしまうところが、いかにも三國らしいと思った。

「手術のご成功、おめでとうございます。ご無事で何よりです」

「ありがとう。また寄ってください。なるべく早くにですよ」

術後の経過は悪くはなかった。順調に回復した。問題はすべて解決したかのように思えた。

だが、それはつかの間の安息に過ぎなかった。三國はその後、激しい腹痛に見舞われる。軽度ではあったが腸閉塞を起こしていた。

しかもこのとき、吐瀉物が肺に入り誤嚥性の肺炎を併発する。

肺炎は高齢者に多く見られる疾患であり、重篤化しやすい。死亡原因の上位に位置している。

三國の肺炎も悪化した。高熱が出て、ICUに入室する。

一時は、深刻な状態に陥った。近親者に連絡がなされた。慌ただしい、ある意味、感情的な「とき」が流れた。

だが、三國連太郎はそこから戻ってきた。

「何が何でも、どんな手を使っても」、生き延びようと決めていたのかもしれない。この頃の彼には、まだ強い意志があった。

三國がICUに入って三日目の朝、佐藤浩市が見舞いに訪れた際のことだった。

佐藤はそれから、仕事で北海道に発つ予定になっていた。その前に「親父の病室」に顔を出したのである。

ICUのベッドは起こされていた。そして三國はそのベッドにもたれ、平然とテレビを観ていた。

佐藤は驚愕する。

彼の父は危機をすでに脱していた。たった三日で、克服したのである。

私が二週間の仕事を終えた頃も、三國はまだ入院をしていた。

訪ねると、待ちかねたように、彼は言った。

「いったい、僕はいつ退院できるんでしょうねえ？」

相変わらず、身体のことは何も話さなかった。激しい腹痛も嘔吐も高熱も肺炎も、みんな済んでしまったことだった。

ただ、彼はストレスのせいでちょっと苛立ち始めていた。

それについては「退院すれば」、「仕事を再開すれば」、「すぐに元のようになる」という慰めが多く寄せられた。まるで、世間話のように、三國の周囲に溢れていた。

慰めはある部分、的を射ていた。だけど、一方ではまったくの的外れだった。

退院しても、仕事を再開しても、三國が完全に元に戻ることはなかった。

彼は自らが危惧していた通り、ぐっと老いてしまっていた。

高齢者の場合、短期の入院においても、老化が顕著に進むケースがある。その影響があったかもしれない。

彼はしみじみと言った。

「かみさんは『用件を伝えた』と言うんです。ところが、それが僕には伝わっていない。それでどうも、『同じことを何遍も訊いている』みたいなんです、僕。まったく、情けないものですよ」

三國は、生来の自由人だった。わずかの束縛でも許容できなかった。刺激的で破滅的な日々を愛し、求め続けた。それこそが、人生だった。

しかし、彼は老い、病を得て、望まぬ平凡な空間を住処としている。その場所で、自身が崩壊してゆく様を、まだ壊れていない部分で見つめている。

それは悲惨で、おそろしく残酷な体験である。絶望の深さは想像に難くない。だけど、そんなふうではあっても、彼はどこかでたしかに、ものすごく「三國連太郎」なのだった。

退屈な午後、彼はこんなことを話した。

「思い通りに生きられないのは、生きていると言えるのかどうか。この頃、ときどきそう思います。

数年前までは、自ら無になるのは馬鹿のすることだと思っていました。僕は石にしがみついてでも生きていたいタイプでしたからね。こういう言い方が正しいかどうかはわかりませんが、僕は存在していたいんです。ただ、僕として。

虚になるのがいちばん嫌ですねえ。とても耐えられない。

僕が僕でなくなるなら、僕は何のために在るのでしょう。そうなるくらいなら、人生を放棄した方がいい。よほど、まっとうだと思います。こんなことを考えるのは、僕がもう十分に生きたからかもしれませんが」

三國は死について話すとき、達観というより、もがき苦しんでいる人の目をしていた。実際、苦しかっただろうと思う。

それに、彼の話はむしろ、「もっと生きたい」と聞こえた。

無になりたいのは、自由でないからだ。刺激が足らないからだ。老いを認められないからだ。

とにかく、この入院時、彼は「死」と「老い」の話を繰り返していた。すらすらと、あちこち矛盾だらけの話を三國はし、あまり言葉を挟まず、私はそれを聞いた。

日々は静かに重なってゆき、長かった夏が終わろうとしていた。

三國連太郎は、力を取り戻していた。退院した彼はそれなりに機嫌がよく、まだ「無」になる必要はなかった。

秋になって、三國はすぐさま仕事に復帰した。傍目には驚異的なペースで、だ。

だいぶ痩せてはいたが、手術や入院の影響をあまり感じさせなかった。

真っ白いTシャツの上に軽いニットのカーディガンをはおり、デニムのパンツを穿いて、彼は街を歩いた。

大勢の人の前で講演を行い、テレビの時代劇で盗賊の頭になり、古くからの仲間と組んで一緒に映画を撮った。

万全でない身体で、どこへでも出かけた。食欲も旺盛で、美味しいものを好きなだけ食べた。

ただし、彼は台詞に苦労していた。かつて名優の名をほしいままにした男が、地を這いずり回りながら台詞と格闘していた。

傍にいて、胸が熱くなった。私は「役者、三國連太郎」の生き様に触れているのだった。

「三國さんは、素晴らしいです」

と私は言った。

彼は軽く、素敵に、スターらしく笑った。さりげなく、言った。

「いやいや、僕はこれしかできないので」

彼は是が非でも、「三國連太郎」であろうとしていた。すなわち、必死に生きようとしていた。

年を越した一月、彼の八十八歳の誕生日のパーティが開かれたのだけれど、最後に挨拶に立った三國は、こんな内容のスピーチをした。

「長い間、役者を続けてまいりましたが、僕はこれからも役者として、未練たらしく生きていきたいと思っています」

その日、彼は完璧だった。何も損なわれていなかった。上質なスーツを着て、煙草を格好良く吸っていた。

華やかな晩だった。有名な俳優や女優がいた。

佐藤浩市もいた。佐藤のスピーチはユーモアがあり、すごくセンスがよかった。あちこちのテーブルから拍手が上がった。

「三國さんには、ますます頑張っていただきたい」

と彼は話した。

スピーチを聞きながら、私は、佐藤が三國を愛しているのだと思った。

三國は穏やかで、優しい顔をしていた。周囲もすごく嬉しそうだった。つまり、そこには不幸な人がひとりもいなかった。

誰かが秘密を抱え、悩んでいたとしても、その日だけは解放され、夢を見られたのではないか。

この夜は、まるでオーギュスト・ルノワールの描く世界のようだった。会場は貸し切りのフレンチレストランで、舞踏場ではなかったけれど、ムーラン・ド・ラ・ギャレットのような和やかな談笑が広がっていた。背景は違っても、たしかにそんな雰囲気だった。

三國が何本目かの煙草に火をつけたとき、私は注意する。

「いくら何でも、吸い過ぎはよくないのではありませんか」

三國は、

「これ？　まだ朝から三本目」

と、あからさまな嘘をついて、紫煙を長くふうっと吐いた。そのまま、楽しそうに笑った。

八十八歳にもなったら、してはいけないことなんて、ほんとうはないのだ。

煙草だって吸えばいいし、したければ、恋だってすればいい。誕生日は一年に一度しか来ないのだから、楽しまなければ。

それは、三國が自分の誕生日を喜んで祝えた最後の夜だ。木曜日だった。

砂時計の砂は落ちるのを止めていなかった。少しずつ、でも確実に、状況は悪い方向に向かっていた。

三國の二度目の入院は、二〇一一年の春だった。この入院も当初はそう心配されてはいなかった。感染症の加療といくつかの検査が行われる予定で、三國はこのときも、歩いて入院している。

彼が、それから降りかかる災難に気がついていたとは思わない。前回の入院同様、彼は単に、そのとき関心があった話をしていただけだった。

「今、こうしていますとね、過去の、さまざまな場面を思い出します。勝手に浮かんでくるんです。ふっと自然にです。

いいえ、懐かしくはありません。ただ、思い出すだけ。そのまま眠ってしまうこともありますが、そういうときは死んだように眠ります。夢も見ません」

「先祖の墓を建てたとき、後のことを浩市に頼んだんです。ほんとうは、とても頼めた義理ではないのですが、『俺に何かあればよろしく』と言いました。

浩市は『わかった』とだけ言いました。長男ですから、守ってくれればありがたいと思っています」

また、過去の名作については、三國はときを選ばなかった。鮮明に覚えていて、詳細に語ることができた。

別荘にいるときのようにたくさん、たくさん話をした。そうしておいてよかったと思う。彼はそれから、次第に追い詰められていった。重症だった。

突然高熱を出す。容体が急変した。彼はもう、どこからどう見ても病人にしか見えなくなった。

食欲が著しく落ちた。すぐに、ほとんど何も食べられなくなり、みるみる痩せていった。

三國は敗血症を起因とする脊椎炎を起こしていた。

点滴による抗生物質の投与が行われ、敗血症は改善したものの、その後、血液中を巡っていたと思われる菌が、脊椎に感染したと考えられた。

病室のベッドは、両脇とも転落防止用の手すりが付けられた。さらに、医療者が動きやすいように、位置が変わった。

点滴は常に落ちていた。

脊椎炎の治療は通常、抗生物質を数週間続けて投与する。効果を得られない場合、外科的な処置が検討されるのが一般的である。

三國はこの入院でも、襟の付いた長袖のパジャマを着ていた。白髪をきれいに梳《と》かしていた。

だけど、彼はもう話をしなかった。

豊かだった表情が単一的になり、硬く強ばっていた。全部、痛みのせいだ。

大戦で被弾した経験を、

「そんなに痛かった記憶はありません。僕は鈍いのかもしれません」

と笑っていた男が、口を真一文字に結び、声の漏れるのを堪えていた。

三國はまるで、夜の海を漂う樹木のようだった。異様なくらい痩せていて、身体が急に細長くなったように見えた。手足は冷たく、そしてかさかさと乾いていた。

果物を細かく切ったものやアイスクリーム、ヨーグルトなら、小さなスプーンで二口三口を食べることができた。

それ以上、食べさせようとすると怒るのだが、少なくとも私は、怒られるのが嬉しかった。

怒っていられるうちは、彼は死なない。そう思っていた。

看護師が食事をさせようとしたときには、彼はこんなふうに言い、断った。

「さっき餅を焼いて三つ喰ったので、まだ腹が空いていないんです」

それは、三國独特の気遣いである。

たとえそれが、幻想から派生した表現であったとしても、彼はたぶん、「誰だか知らない人」に不快な思いをさせたくなかったのだ。

私が枕元で、昨年も夏でしたね、入院されたのはと声を掛けたときは、

「どうも僕は夏に弱くて」

と小声で言った。

不安とか焦燥とか諦念とか。負の感情に揺れる心細い病室で、

「僕の身体がふがいないばっかりに」

と囁くように、言った。

それは「だから、心配しなくてもいい」という彼の気遣いなのだった。

三國は痛みに対して、雄々しく闘った。苦悶《くもん》の床にあっても、弱音を吐かなかった。

治療に関しては、しっかり受け入れていた。点滴や服薬を拒むことはなかった。明らかに悪化した状態についても尋ねたり、何かを要求したりしなかった。

彼はこれまで、若い頃は特にだが、厳しく作品を選んできた。出演するにあたっては、かなり自由に発言した。

「台本の中で、おかしいと思うことに対しては、はじめに聞いていただくようにしています。後になって困らないように、話し合いをするんです。納得するまで、僕はとことん尋ねます。

先方は迷惑そうな顔をしていますが、そんなのは関係ありません。出演作を意味のないものにしたくないですからね。

失敗するのはその人の勝手ですが、僕は失敗したくないんです。意見が合わなくて、出演をお断りした作品もあります」

三國はそうとう厄介な役者だった。それなのに、自身の病については人任せで構わない。無関心でいる。

そんな患者は珍しいと思うが、全くいないわけではない。

終末期医療の長期取材のときに、何人か出会ったことがある。気弱な人や内弁慶の人や極端な面倒くさがりの人が、そうだった。

三國に関して言えば、諦念が理由だったのではないか。

彼は覇気を失っていたし、生への執着も感じられなかった。もちろん、「無になりたくない男」には、まったく見えなかった。

彼に提供されている環境は、日本でも最高の水準にあった。だが、彼の命を救おうとする医療は、ある部分で、彼を容赦なく破壊していた。

私は生きている三國連太郎の傍にいて、死んでいる三國連太郎を見ていた。

彼は呼吸を続けていた。

心臓は規則正しく打っていた。

でも、彼はほんとうは死んでいた。

生きようなんて、ちっとも思っていなかった。

過去、彼は何度も繰り返して、言った。

「どうせなら、どこか、人も住んでいないような未開の土地で野垂れ死にしたいと思っています。

炎天下、風に晒《さら》され、鳥に啄《ついば》まれ、獣に喰われ、徐々に無になっていく。そういう死に方に惹かれます。

とにかく、自由でありたいんです。最後まで、ずっと。僕はそんなふうに生きてきましたからね」

だけど、彼は失ってしまった。遠く離れてしまっている。自由は炎天下、風に晒され干からびてしまったのだ。

眼窩《がんか》の奥で濡れて光る、灰色がかった瞳から伝わってくるのは「無念」、それしかなかった。

三國連太郎の愛した世界は、終わってしまった。それは不可逆的なもので、もう手が届かない。

息をのむような緊張が解けると、つまり敗血症や脊椎炎から回復すると、次の波がやってきた。

その頃、病院側からは数回にわたって丁寧な説明が行われていた。公平に見て、それは一般にはなかなか提供されない対応だったろう。

日本の医療技術は、非常に高いレベルにあるが、患者の権利は低いところへ置き去りにされている。

三國の場合、患者が著名であり、その家族が厳しく求めたからこそ、病院側は複数の経験豊かな医師を揃え、比較的長い時間を割いたのである。

また実際、三國連太郎は、普通の八十八歳とは違う。長い間、背負ってきたものがある。さらに、老いてなお背負っているものがあった。

三國の次の波は、歩行困難だった。

そのせいで、彼は激痛から解放された後も、依然としてベッドの上にいた。上半身に鎧《よろい》のような胴ギプスを着けていた。

「胸が圧迫されて苦しい。外してくれ」

と彼は言ったが、それは彼が「生き続ける」ために必要なのだった。

「ギプスを外すとね、骨が崩れて、ものすごく大変なことになるんですって。だから、我慢してちょうだい」

と、妻は言った。

重い病は、患者とその家族に、さまざまな我慢を強いる。

病状が長引けば長引くほど耐えなければならないことは増えてゆく。結果、彼らは疲弊し、追い込まれてゆく。心は沈み、無力感に囚われる。

ただ、三國はほんとうに強かった。

死の淵から、幾たびも帰ってきた。身体と、そして心も強かった。人並み外れた、強靱な精神力があった。

彼は少しずつ食欲を取り戻し、摂取できた分だけ体重も増えていった。その分、体位を変える際には力が必要だった。

看護師の多くは華奢な女性だったが、褥瘡《じょくそう》予防のため頻繁に体位を変えた。私と妻とで変えたこともあった。

見よう見まねで枕をいくつも使い、静かに身体の向きを変えると、三國は小さな声で、

「ありがとう」

と言った。

彼は、毎日、スケッチブックに絵を描いた。人に頼まれて書を書くこともあった。

彼の絵は独特の雰囲気があり、書は達筆だった。

素敵な作品ばかりですね。昔からお上手でしたものねと言うと、三國は頬をわずかに緩ませる。

「そうでしょうか。まったくの独学なので、いい加減なんです」

彼は、笑わなくなっていた。無理に笑う必要もなかった。たぶんそういう時期は過ぎてしまったのだ。

私たちは、相変わらずいろんな話を多く、した。彼はもう死の話をしなくなっていた。家に帰りたいとも言わなかった。

とてもクリアな時に、一度だけ、彼は言った。

「思い残すことは、何もないんです。いろいろ恵まれていたと思います。僕はほんとうに幸せでした」

安らかな顔をして、彼はこちらを見ていた。瞼《まぶた》の辺りがちょっと湿っているようだっ

た。私は黙っていた。黙っている以外、どうしていいのかわからなかった。

三國は知っているのだ。

自分がどこへ向かっているのかを、ちゃんと知っているのだった。

私が三國と出会ってから、二十三年ほどが経っている。三國は、私にとって父親のような存在だった。

謝意を伝える機会を失ってはならない。そう、思った。

「私も長く親しくさせていただき幸せでした。ありがとうございました」

少しの間、彼も私も黙っていた。

どちらかと言えば、それは微妙に残酷な沈黙だった。泣くわけにもいかないし、病室を出て行くわけにもいかない。

三國は目を閉じ、何かを咀嚼《そしゃく》するみたいに口元を動かしていた。

「お水をお飲みになりますか？」

と訊くと、彼は手のひらを軽く振って「いらない」と意思表示をした。

三國が目を開いて、次に何を話すのかはまったくわからなかった。一瞬一瞬で、彼は変わってしまうのだ。

富士山の話、土肥の山葵《わさび》の話、愛していた犬の話、九州で食べた豆腐の話、北海道で食べた海産物の話、長距離のドライブの話、親父とおふくろの話、差別についての話。

それから、ひどく性悪な女の話、重ねた恋の話、情についての話、墓場まで持って行かなければならない話。

幻を見るように、ふわふわとした心許ない話を雑多に、脈絡無く、二、三行の短文を読み上げるような話し方で、彼は繰り返しするのだった。

表現が難しいのだけれど、くさいドラマを迫真の演技で見せられている、そんな気がした。

彼は実生活に嘘を溢れさせて、涼しい顔をしている。離別を繰り返しても、少しも構わない。

一方、役者としての人生には、事細かく執着した。愚直なまでに真実を求めた。嘘をひどく嫌った。

その生き方には、大いなる矛盾とある種の狂気が混在していたように思う。そして、それが、役者、三國連太郎の最大の魅力でもあった。

ベッドに横たわり、彼は相変わらず目を瞑《つむ》っている。頬から顎にかけて、銀色の髭が薄くヒカリゴケのように光っている。まるで哲学者のような風貌の患者は、もう何ものでもなかった。重い病に伏した老人である以外には。

病室には、徹底した真実があった。

彼は虚に生きた。しかし、最後には真実しか残らなかった。その皮肉もまた、三國連太郎らしさだったのかもしれない。

彼はそれからよりよい環境を求めて、二〇一一年春の終わりに転院をする。歩行の回復を主な目的として、専門設備の整う病院へ移ったのである。

長期の入院で、三國の体力は落ちていた。さらに、脊椎に炎症を抱えてからほぼ寝たきりだったため、足の筋肉が痩せ（廃用性萎縮）、かなり細くなってしまっていた。

転院後、高圧酸素を用いた治療は一定の成果を上げた。

その頃になると、リハビリの効果もあって、三國は歩行器の使用や理学療法士のサポートがあれば、短い距離を歩けるようになっていた。

季節は重たい夏を乗り越え、秋を駆け足で通り過ぎ、冬をゆっくりと迎えようとしていた。

天気のいい日には、三國の妻と三人で散歩に出かけた。陽のいっぱいに当たる場所へ、車椅子を押して、である。

そんなとき、三國は風邪をひかないよう、重ね着をして、マフラーを巻き、帽子を被り、マスクをしていた。

「暑いから、マフラーはいい」

「外に行くんだから、これは必要なの」

「そろそろ、日陰は冷たくなってきましたから」

私たちは賑やかに出かけ、古いベンチがいくつか置いてある場所で、日光浴をした。帽子を脱ぎマスクを外して、太陽の方を向く。

三國の発語は極端に少なくなっていたが、そんなときは楽しそうに見えた。

彼は日向を「汗が出る」と言い、日陰を「寒い」と言った。

帰り際に、外していたマスクを付けてもらう気になっている彼に、私も言った。

「三國さん、足はご不自由でも、手には不都合がないのですから、マスクくらいご自分でお付けになってください」

三國は小さく声に出して笑った。

それからも、私は何度も病院を訪れた。だけど、そのときのような笑顔を見ることは、もうなかった。

新しい病院での三國の病室は、普通の個室だった。そこには、特別室は設けられていなかったのだ。浴室やキッチンはもちろん、応接セットもなかったが、それを彼は気にもとめていなかったと思う。

あまり広くない窓からは、夕焼けが見えた。

「きれいですねえ」

と言うと、

「ああ」

と彼は答えた。

三國はそこで、やはり絵を描いたり、書をしたためたりしていたが、前ほどの力を感じなかった。

八十九歳の誕生日、狭い病室に風船が浮かんだ。明るい色のハートの形をした風船は、佐藤の妻からの贈り物だった。

その前年のクリスマスにはサンタの形をした風船が、窓際の天井近くでゆらゆら揺れていた。私はたくさんのキャンドルを持って訪ねた。

「メリークリスマス」

つけっぱなしのテレビが街の喧騒を伝えているその横で、妻は新年の予定の話をした。声を潜めることもせず、言った。

「転院の話が出ているのよ。ここでの治療は終わったから。ここへ来てよかったと思っているわ。皆さんによくしてもらったもの」

そして新年が来て、三國は本章冒頭に記した病院へ四度目の入院をしたのだった。

三國連太郎の人生は、彼の思うままだった。

彼は役者である自身を、何より、誰より、強烈に愛していた。

多くの人が言った。

「三國連太郎のような役者は、もう今後現れないだろう。三國で最後だ」

彼は充分に生き、輝き、称えられ、映画を愛する人々の心に残った。日本映画界の歴史となった。

人は誰も、必ず終わりを迎える。それは避けられない命の定めだ。そして、そのときが来て、彼は召されたのである。

二〇一三年四月十四日の朝、三國連太郎は逝った。九十歳だった。

第九章　浩市

三國連太郎が逝って、六年が過ぎた。

二〇一九年四月には、七回忌の法要が行われた。案内状には「当日は平服にてお越しください」とあったが、会場は正装の人が多かった。

俳優、女優、映画監督、映画関係者など、著名な人たちが順番に前に出て、それぞれの思いを語った。彼らの言葉に、月日の長さを思わされる。話に湿っぽさがなかった。時折、笑いも混じる。

案内状には「ささやかな法要を相営みたく」ともあったが、その場はいかにも豪華だった。飾られた花や美味しい食事がというだけでなく、洗練されていた。

たとえば、招待客は、受付で直径四センチほどの缶バッジをもらう。バッジには、三國の若い頃の写真が使われている。「7th memorial」と記されたバッジは、スタイリッシュだった。

通路には、モノクロの写真が飾られていた。

白髪を少し風に乱された三國が、海を背にして立っている。仕立ての良いコートを着て、杖を手に持っている。そういった写真が、である。

私は思い出す。生前、三國は杖をコレクションしていた。自宅には、一抱えくらいの杖があった。

「これは、持ち手が椅子になっているんですよ。面白いでしょう?」

と、彼が言った。

撮影の場とかメイク中とか、写真には、いろんな場面があった。招かれた人たちは、さまざまに在りし日の三國を思い出せただろう。細やかな配慮だ。

会場正面、高い位置には小さなスクリーンがあり、三國が柔らかに笑っていた。周りはシンプルだ。飾りがない。でも、それがかえって三國を際立たせている。

彼はたいへんお洒落な人だったが、華美になるのは好きではなかった。だから、この集まりを喜んだだろうと思う。長男、佐藤浩市を誇りに感じただろう。

佐藤はこの法要の主催者だった。多くの著名人が、故三國連太郎を偲《しの》ぶために集っている。そして、それは、役者佐藤浩市の成功の証でもあった。

佐藤浩市とは、都内にある撮影所の一室で会った。

ソファに座る彼は映像で見るより、ワイルドな雰囲気だ。横顔が、若い頃の三國連太郎に似ている。つまり、とてもハンサムだ。

言葉遣いが丁寧なところも似ている。でも、いちばん似ているのは声だ。佐藤が三國の口調を真似たときは、あまりに似ていて息をのんだ。三國を知る人は懐かしく思うだろう。驚くかもしれない。

「似ているんです。どうしても、似てしまいます」

そう言って、佐藤は軽く笑った。

私は訊ねる。六年が経ちましたが、お父様を思い出されるとしたら、どんなときでしょう？

「実は、仏壇はうちにあるんです。僕はあまり信心深い人間ではないのですが、朝、線香をあげて、『親父、今日も家族の健康を頼むよ』と願うときは思い出さざるを得ないですね。

三國が散骨を希望していたのは、もちろん知っています。どうして叶えてやらないんだと言われるかもしれませんが、なかなかそうはできないものなんですよ。

一緒にいた時間が少なかったから余計にそう思うのかどうか。僕にはまだわからないけれど、自分の思いとして墓を作ってあげたいなと。そういうわけで、彼の散骨希望は僕が勝手にやめにしました」

三國は七十代後半から八十代前半にかけて、こう言っていた。

「僕はいい父親ではなかったのに、今後のいろいろを浩市に頼まなければならない。(自身が建立した)墓のこともあります。頼めた義理ではないので、その辺は申し訳なく思っています」

「いい父親ではなかった」という部分を、佐藤は、躊躇なく、さらりと認める。あえて言うまでもないが、当たり前だろう。

三國は徹底して我が道を歩いた。己の行きたい方向にしか進まなかった。家庭が邪魔になれば、壊した。肯定の理由は、いくつも数えられる。

「彼が『いい父親でなかった』と言うのなら、その通りだと思います。

三國が父親であるという認知は、当然僕の中にある。でも、じゃあ、父親として彼が何をしてくれたのか、どうだったのかという話になると……。

三國は、僕が小学五年生のときに、家を出て行きました。それ以前も、終始家にいる人ではなかったので、生活を共にしている感覚はほとんどありませんでした。

たまに家にいるときは一緒に食事をしましたが、僕には苦痛でしかなかった。そういう距離感でしたから。

ただ、今、芝居をしているという立場で言えば、反面教師的なところを含めて、深く教えられている部分はあります。そして、それは『師匠』というより、『父親』なんだろうなというふうに思います。

だいたい、父親についての一般論なんて、僕には関係ないんです。父親イコール役者で何が悪いのか。僕にとって、役者・三國連太郎が父親であり、父親・三國連太郎は役者なんです」

佐藤は、実にさばさばしている。センチメンタルなところが一切、なかった。何も隠そうとしない姿勢は父親譲りだろうか。よく似ている。

余談だが、三國は身体の痛みにびっくりするくらい強かった。病床での苦痛にも、強靱な精神で立ち向かった。どうも、それは佐藤も同じらしい。

「痛みに強いのは、僕もそうです。不思議なもので、親子なんでしょうね」

と、彼は言った。

ところで、三國は離婚の際、幼い佐藤との別れを十国峠で行ったとしている。十国峠は、昔、伊豆、駿河、遠江など十の国が見渡せたところから付いた峠の名前である。

佐藤に、三國から「今日限り、お前とは他人になる。ひとりで、一生懸命生きてくれ」と言われたことについて訊く。

佐藤は、小さく苦く笑う。おそらく、私は答えにくいことを訊いたのだ。だけど、彼はためらわなかった。

たので」

「三國はそう言いますけどね。実際、そうだったかなと……。正直いろいろある方だっ

重ねて、訊ねる。「浩市を十国峠に残して、自分は帰った。そのあと、浩市は同行していた関係者の車で帰った」と伺いましたが？

「下田に帰省するときは十国峠を通りますから、親父と何度も行きました。でも、関係者が一緒だったことはないですし、別の車で帰ったこともありません。

まあ、実の息子が言うのもたいへん心苦しいんですが、虚実織り交ぜ話している内に、彼の中でそれが事実になっちゃうんでしょうね。

そもそも僕は、離婚の際、三國からは何も聞いていません。

おふくろが急に、万博に連れて行ってくれたんです。子どもをそんなところに連れて行ってくれる親じゃないのに変だなって思っていたら、『実はお父さんと別れることにした』と聞かされたくらいで」

彼は、また小さく笑った。今度は、面白くて笑っている。

「僕はこういう話が出てくるたびに、楽しくて仕方がないんです。三國が作ったストーリーには、エスプリが利いているものもありますしね。

その時々で、いかに人を楽しませられるか。小さなパーツをパーッと広げて話を作る。作るというと語弊があるけれど、彼はそういう人なんです。ただの嘘っぱち野郎ではな

くて、そういう話を作るんだと考えると、すごく愉快になってくる。三國の話に、こんなのがあります。出征前に女郎屋に行って帰る際、お女郎さんが見送りに来てくれた。靴を履きながら振り向いたときに見たお女郎さんの足が透けるように白かったっていう話です。

そこには、映像が切り取られている。お女郎さんの顔は覚えていなくても、きれいな足が忘れられなくてというシーンが。

それが嘘か、真実かなんてどうでもいいんです。大きな問題じゃない。要は、それを愛せるか、愛せないかということだと思います」

両親の離婚後、佐藤は風変わりな距離感で三國と接している。少なくとも、一般的ではないはずだ。多感な年頃の少年は、父の恋人と親しくなった。

「親父が家を出て行ってから、たまに小遣いをせびりに行ったんですよ。彼はそのとき、高円寺のアパートで女性と暮らしていました。で、その方と僕はすごく仲良くなった。その方はとてもいい方で、非常にざっくばらんでした。『お父さんは居ないけれど、遊びに来る？』って言われて、泊まりに行ったこともありました」

私は口を挟む。四畳半でしたか？　四畳半に住んだと伺っていましたが？

「一間ではなかったですね。六畳と四畳半かな。親父はアパートに、田舎から自分の母親を呼んでいました。そこに、その方がお手伝いに来てくださっていた。

で、祖母が亡くなってから、三國はその方の実家に転がり込んだんです」

佐藤はこのくだりを話すとき、「すごく愉快」な様子に見えた。彼は話が上手で、聞く者を惹きつける。気遣いもあるのだろうが、とにかく話が途切れなかった。

「ふたりはそれから数年で別れるのですが、その方は、ほんとうにいい人でした。最後、別れるときはちょっとたいへんでしたけど」

佐藤が何でも知っているのが、少し意外だった。三國は「浩市を深く傷つけた」と話していた。

一方、佐藤は受けた傷を上手に癒やしている。「人間不信にした」とも聞いたが、それを感じさせない。いささかも、だ。

「よく真っ直ぐに成長なさいましたね。道を踏み外していてもおかしくないのに」

と私は言った。

彼は大きく笑い、言った。

「いやいや、道はけっこう踏み外しましたよ。ひねくれもしましたし」

三國連太郎と佐藤浩市は、共演作（「人間の約束（一九八六年）」、「美味しんぼ（一九九六年）」など、四作）も少なく、三國の奔放な振る舞いもあって「犬猿の仲」とされてきた。しかし、彼らは決して、巷間言われているような反目した間柄ではなかった。

三國は、佐藤の様子を気にしていた。唐突に、話を始めることもあった。とくに、出演作についてはよくした。

忌憚《きたん》のない批評も少なくなかったが、三國が自分以外に興味を示すのは、きわめて珍しかった。

私見だが、三國連太郎は、とても不器用に佐藤浩市を愛していた。三國が心底から愛したのは、人生で佐藤だけなのではないか。

「どうなんでしょう。正しい言い方かどうかはわかりませんが、たぶん、演者として分身だったんでしょうね。

自分がある程度の年齢になったとき、いちばんいい状態で芝居をできる存在が身近にある。その存在に対するある種、不思議な錯覚というか。

だから、三國には、僕に安っぽいと言ったら語弊がありますが、そういう仕事を生業《なりわい》にしないでほしいという思いはあったと思います。

逆に、僕が『今、こうした仕事をしているんだけど面白いよ』と話すと嫉妬するんです。『ああ、そう』って聞いているんですが、明らかに嫉妬しているのがわかる。自分もそういうところで生きたいという思いが伝わってくる。

僕がふがいない仕事をすれば腹立たしいし、やりがいのある仕事をすれば羨ましい。自分の分身には、複雑な感情があるのだと思います。

役者なんて、嫉妬の塊ですよ。緒形拳《おがたけん》さんと『魚影の群れ（一九八三年）』でご一緒したあと、何年かして撮影所ですれ違ったことがあるんです。緒形さんは、そのとき僕が撮っていた作品をご存じで、『面白そうなことやってるな、浩市』って、すれ違いざまに一言言われて。あの緒形拳でもそうなんですよ。

僕は、嫉妬が美しくない感情だとは一概には括れないと思っています」

三國は、佐藤や孫の寛一郎の写真を見ながら、「これはこういうときで、こういうことがありました」と話すこともあった。いかつい顔をほころばせて、である。

「僕にはとくに感慨はないのですが、まあ、彼に孫がいるという部分では親孝行ができたかなという思いはあります。

寛一郎に関しては、世の中のほとんどの方がそうであるように、無条件にかわいがっていました。入院中も帰ってほしくないという思いがすごく強かった。病床で、あの年齢ですからひとりになるのが寂しかったんでしょうね。

三國にはなかった……、こういう言い方はたいへん申し訳ないけれど、僕がひとつの家族を作って、彼にちゃんと見せてあげられたのはよかったんじゃないかと思っています。

僕も過去に、それこそ三國のせいではないにしろ、一回作った夫婦という形を壊していますからね。変なロジックとして、『役者はそれでいいんだ』という甘え、勘違いをしていた自分がいたのはたしかです。三國のせいではなく、自分が浅はかだった」

三國は、「役者はそれでいい」を徹底して実践していた。自らがどうあるかこそが、大事だった。他者にはほとんど関心を払わなかった。親しい友人もいなかった。稀代の名優だったからこそ、その生き方は魅力的だったし、許されても来たのだ。

佐藤は話す。

「昔は、役者という世界の中にアウトロー気質がありました。原田芳雄《はらだよしお》さんしかり、松田優作《まつだゆうさく》さんしかり、まさに三國連太郎しかり。

いささか偏った人間観というか、一匹狼を気取るというか。人に対して越えられない轍《わだち》を勝手に作っているというか。いかに、現場で監督をへこますかとかね。

あの時代の役者さんはみんなそうなんですよ。何とかして、監督の発想を飛び越えた演技をやろうって、誰もが考えていた。それに無上の喜びを感じていたんです。

僕もそうです。現場で激しく、監督とやり合いました。『なんで、こうなるんだよ。生身の人間が、こんなことを言うはずないだろう』って、居丈高に。ただ、僕は、もうそれを現場ではやるべきではないと考えています」

ちょっと親父の話からは逸れてしまいますがと断って、彼は続ける。

「あるとき、大ベテランのスクリプター（記録係）のおばちゃんに言われたんです。『あんたは勝ったつもりかもしれないけれど、負けているのは監督だけじゃない。あんたが現場で監督をやり込めると、スタッフ全員が屈辱にまみれるんだよ』って。
そのとき、ハッと思い至りました。監督と事前に話し合っておけば、現場で無用な波風を立てる必要はないんだと。でも、それに気づけたのが僕も四十を超えてからですから」

一方、三國は晩年もその姿勢を変えていない。監督との「相談」について、こう言っていた。

「監督には、僕がおかしいと思うことを聞いて頂いています。相談を納得するまで続けます。他人からどう思われようと、ぜんぜん関係ありません」

だから、私は佐藤に言った。「お父様より大人ですね」。彼は、ははは と笑う。

「今は、そうでないと回っていかない面がありますから。別に、自分が仕事を得るためにではなくて、余分な時間を節約するという意味で。

親父には、何度か『時代が違うんだよ』と言いました。今、思い出す三國の言葉はいくつかあるんですが、こういうことを言っていました。

『僕らの時代は、十年に一本でよかったけれど、君たちの時代は五年に一本、これっていう作品をやらないと、次の五年を生き残れませんねえ』

『』の部分を、佐藤は三國の声を真似て言った。

三國は病に倒れてからも、演じることをまったく諦めてはいなかった。演じられなくなったら、「生きている意味がない」と繰り返し言っていた。その思いをどう理解するかを訊く。

「これは考え方が二通りあるんですよ。三國には、自分が演ずる作品なり役なりの選択において、普通の役者さんよりかなり高いハードルがありました。僕自身は、三國ほどハードルを高くしているつもりはないですし、人間関係でお受けする仕事も当然あります。ただ、それでも、こうして六十歳を前にして、あと何年できるか。つまり、自分がある程度納得できる状態で何年芝居ができるかと考えたとき、だからこそ、作品や役を選ぶべきだと思うか。それとも、あと何年できるかわからないのだから、できるだけ仕事の数をこなしていくべきだと思うか。その二択があったとすれば、僕は前者なんです。三國も当然そうだったと思います」

佐藤の言葉通りだろう。三國は、

「僕ほど素晴らしい作品、骨のある作品に恵まれた役者は珍しいと思います。ただ、まだやり足りないという思いもあります。常に次の一本を探しているんです」

と話していた。

「人との出会い、作品との出会いは運なんです。『作品に恵まれた』という三國の言葉は、運が良かったということです。

もしかしたら、先に決まっていた人が断ったから、その役が回ってきたのかもしれない。進んでいた企画が途中でなくなって、暇になって出た作品やそこで出会えた人間が、自分にとって非常に感謝する存在になる場合もある。

役者には、そういう運があります。僕も役者という道を選んで、なおかつ四十年やってこられたのは、ものすごい強運があったからだと思っています。

三國が『やり足りない』と思うのは、本音でしょう。何が彼から光を奪うかというと『演じられない』という一点だけです。役者の業《ごう》というものを持っていた人でしたからね。

病院に見舞ったとき、彼の顔がほんとうに寂しそうに見えました。『もっとやっておけばよかった』とまでは言わないまでも、またカメラの前に立ちたいというニュアンスの話をしていました。

そのとき、『俺も年を取ればこうなるんだな』と思いました。今は偉そうに仕事を選んでいるけれど、老いたら『ああ、あれをやっておけばよかった。あれを受けていればよかった』と絶対思うんだろうなと。

思うんだけど、それでも、この生き方しかできない。そういうところはやっぱり、親子で変わらないんですよ。

三國もそうでしたが、僕もこう見えてすごく臆病なんです。あらゆるものに対して、距離を詰めるのに時間がかかるタイプです。だから、本（台本）を信用できない。

僕らは、演じることに対して臆病なんです。とくに『これは』と思う仕事のときは、自分がなぜ本を信用できないかを徹底的に掘り返す必要があります。

役者の中には『よくこんなに大胆にできるな』と思う人がいっぱいいますが、僕にそれはできません」

私は思い出す。三國の手元にあった何冊かの台本。筆で、大きく×と書かれた台本。考えて、苦しんで、それでも受け入れられなかった台本があった。

三國連太郎は才能だけで、伝説になったのではない。ずいぶん、「じたばた」した。そう、聞いている。

「芝居の話は三國とよくしました。距離感はありましたが、それほど仲が悪かったわけでもなかったし。

役作りについて、二次元から三次元にするという言い方を僕はするんだけれど、三次元にするまでにどれだけの苦労があるかというのは、三國から学ばせてもらった部分もあります。

若い頃は『説明セリフは言うな』と、さんざん言われました。僕の返答は、『説明セリフを説明セリフにしなければいいだろう。そのための努力じゃないのか』でした。

僕は、彼の持論そのままを受け入れたわけではなく、自分で構築したと思っています。

こういうことに、正解はありませんから」

三國と佐藤、この親子はやはり独特だ。父の影は重ならないようで絡みつき、息子の思いは冷めているようで、熱かった。

三國連太郎の入院中、私は頻繁に病院に通っていた。ために、佐藤とも何度か顔を合わせた。

記憶に残る場面がある。三國が手術をしなければならなくなって、それを佐藤が告げたときのことである。淡々とした口調で説明する佐藤に対し、三國は怒りをあらわにした。かなりの迫力だった。

でも、それを佐藤は覚えていないという。

「説明をしたのは覚えています。三國の怒りについては手術が不可避だったので、たぶん、僕が『はい、はい』と聞き流していたんでしょうね」

病院で佐藤は常に冷静だった。状況を理解し、きちんと距離を置いていた。三國の症状がもう回復しないと告げられたカンファレンスの場でも、だ。

「自分でも、冷静だったと思います。こういう言い方がどうなのかわかりませんが、演者として立てなくなった時点で、三國は半分死んでいるんです。だから、僕は、彼を半分看取っていた。

その後、肉体的な部分がどんどん衰えていくわけですが、その中にいる彼を見ながら、リアルな死を逆に感じられなくなっていくというか。三國が亡くなったと知らせを受けたときも、大丈夫でした。心は乱れなかった。『ああ、そうか。わかった。じゃあ行こう』という感じで……。人から見たら『なんて冷たい』と思われるだろうし、そういうふうに見えただろうなとは思います。だけど、さっきもお話ししたように、僕は、すでに三國連太郎を看取っていたんです。

亡骸を見たときは、『ああ、佐藤政雄（三國の本名）なんだな』と思いました。親父が好きだった沼津の別荘に、遺体を安置したあと、僕は撮影に行ったんですよ。親父が死んで、次の次の日かな。周りにはいろいろ言われましたが、『いや、俺、行くから』って。みんな驚いていましたが、でも、親父は絶対に『休むな』って言っていると思いました。だから、東京に戻ったんです」

これも、たぶん正解のない話だ。世間一般の「常識」からすれば、寄り添うのを求められるだろう。

だが、佐藤にとって、「役者、三國連太郎」が父であったように、三國にとっての息子は、「役者、佐藤浩市」であった。だから、おそらく三國は、佐藤に「休むな」と言った。そういう親子なのだ、彼らは。

「三國が逝って、今いちばん思うのは、うちの坊主（寛一郎）の映画を見せてやりたかったなということです。

『結局、三代続いてしまったよ』ってことを、彼はどう思うだろうな。たぶん、報告しても、『そうか』と一言、言うだけだろうし、それは僕のときも変わりませんでしたけどね」

佐藤の息子、寛一郎は、二〇一七年に俳優デビューした。「ナミヤ雑貨店の奇蹟」で第二十七回日本映画批評家大賞の新人男優賞、「菊とギロチン」で、第九十二回キネマ旬報ベスト・テン新人男優賞、第三十三回高崎映画祭の最優秀新進男優賞、第二十八回日本映画批評家大賞助演男優賞を受賞するなど、デビュー後の早い時期から高い評価を得ている。

三國は生前、寛一郎について「あの子は愛されて育っていますからね。俳優に向くのかどうか」と話していた。

「僕も坊主に、同じようなことを言ったらしいです。『お前は愛情を受けているから無理かもな』って。その言葉に、彼はすごく傷ついて、ぎりぎりまで『役者になる』と言えなかったらしい。

そういう意味では申し訳なかったと思いますが、我々は偏屈な商売のせいか、愛情に恵まれているより恵まれていない方が、足りているより、何かが枯渇している人間の方が、愛情という表現を深くできるんじゃないかと考えがちなのでね」

佐藤は、三國がもし寛一郎の演じている姿を見ることがあったら、感じるものは佐藤以上に強かっただろうと言った。

三國は自らの人生を「何ら後悔がない」とした。「演じられないのなら、生きていても仕方がない」と繰り返し、言っていた。

ただ、彼の中には「無になりたくない」という思いも存在した。そう、話していた。

これについて、最後に佐藤に訊いた。

「残したいんですよ。だから、映画が好きなんです。映像の役者は、映画の中でずっと生きていけます。自分の思いを残せるというこだわりは、僕の中にも幾ばくかはあります。親父も同じなんだろうと思います」

つまり、これだけは言えると思う。

三國連太郎は、決して「無」にはならなかった。「思い」はたしかに残された。今も生き続けている。

あとがき

　三國連太郎さんと出会ったのは、三十年くらい前だ。その頃、私は仕事を始めたばかりだった。人生でいちばん幸せだった頃かもしれない。気力に満ちていたし、健やかだった。

　ある日、私は都内の撮影所にいた。広くて暗い、倉庫のようなところだ。そこで、三國さんと会った。正確に言えば、見かけた。三國さんは大スターで、とても駆け出しのライターが近づける存在ではなかった。

　親しくなったきっかけは、三國夫人だ。隅で、メモを取る私に声を掛けてくれたのである。

「あなた、よく来ているけれど、何しに来ているの？」

　夫人は気さくな人で、まるで旧知の間柄のような雰囲気で話をした。彼女がもし、そういう人でなかったら、私が三國さんと知り合うことはなかっただろう。

私は普段、いろんな人に会い、さまざまな場所に行く。だが、ほとんどの場合、その場以上のつきあいにはならない。そう心がけているせいもあるが、かなりの人見知りだからだ。ともあれ、それを機に、私は夫人と挨拶を交わすようになり、一緒に撮影の様子を見るようになった。

三國さんと初めて言葉を交わしたのは、撮影所の中にある食堂だった。三國さんはお化けのようなメイクをしていた。

とくに人見知りでない人でも、「三國連太郎」との食事は緊張するのではないか。私はひどく無口になった。言えたのは「こんにちは。初めまして」くらいだ。

気を遣ってくれたのか、三國さんが言った。

「この顔はメイクをしていまして、普段はこうではありません」

「それはそうよねえ」

夫人は笑ったが、私は笑えなかった。苦しまぎれに、咳をした。

あとになって聞いた話だが、このとき三國さんは、私のことを「ずいぶん変わった人だ」と思っていたらしい。

別れ際に勇気を振り絞って、ノートにサインを書いてもらった。三國さんはさらさらと名前を書き、その横に大きく「夢」と添えた。一期一会のつもりだった。でも、それから、私は折に触れ、三國夫妻と会うようになった。三國さんが八十代になり、病に倒れてからも、だ。

本文に綴ったように、三國さんとはたくさん話をした。当初は書籍にするつもりはなかったので、取材という意味ではだいぶ遅れてしまったという思いがある。助けてくれたのは、歳月にほかならない。

私は、三國連太郎という「役者」に徹底的に魅せられていた。その生き様を尊敬していた。プライベートでは、父親のような存在だった。三國さんからは、「あなたは家族のようなもの」と言ってもらっていた。

命や死について、よく話した。それらはまったくタブーではなかった。三國さんは、むしろ好んでそういう話をした。話しながら、笑うこともあった。

一方、三國さんは老いを恐れていた。死ではなく、演じられなくなるのを怖がっていた。

「最後まで役者でいたいと思っています。それを奪われることが嫌です。ものすごい恐怖を覚えます。演じられない僕に、生きる価値はありませんから」

静かな口調の中には、独特の激しさがあった。とてつもなく熱かった。

最後に三國さんに会ったのは、二〇一二年の初秋だった。その後、私はがんに罹患し、入院、手術をした。長い治療が始まり、そこからは訪ねられなくなった。偲ぶ会等の案内も頂戴したが、当時は歩行が難しく出席できなかった。

ただ、私に心残りはない。三國さんが入院している間に、自分なりの別れを済ませていた。掛けてもらった言葉はしっかり覚えている。私は生涯、それらを忘れないだろう。撮影所の食堂でもらったサインは、今も手元にある。「夢」は色褪せず、傍らにあるのだ。

さて、お礼を申し上げなければならない。小著「三國連太郎、彷徨う魂へ」へは大勢の方々にお力添えをいただいた。

いちばんに、故三國連太郎氏と夫人に心からの感謝を伝えたい。それから佐藤浩市氏に。お忙しい中、快く取材に応じていただき、ほんとうにありがとうございました。

文藝春秋の皆さまには、強く支えていただいた。直接の担当である斉藤有紀子さん、たいへんお世話になりました。あなたは頼もしい人です。

「オール讀物」連載中にお世話になった山田憲和さん、武田昇さん、ありがとうございました。体調の整わない私のために、何度も横浜においでいただいたこと忘れません。また、連載中は、松竹株式会社にも大きなご協力をいただきました。どうもありがとうございました。

孤高の天才「三國連太郎」の人生を記せた幸運に感謝して、筆をおきたい。

二〇二〇年、東京オリンピックを待つ卯月に

宇都宮直子

文庫あとがき

三國さんは負けるのが嫌いだった。

とくに自分に負けるのが嫌いで、そんなのは許せないと言っていた。のどかさを恐れるとも言っていたから、戦い続ける日々はちょうどよかったのかもしれない。

「自己をきちんと通そうとすれば、多方面に軋轢《あつれき》が生じます。社会には、僕を悪く言う人もたくさんいるでしょう。でも、僕はそれでいいと思っているんです」

軋轢をまったく気にしなかった。波瀾は当たり前のように、あちこちで生じた。役者として、真実を追い求めた人生だった。

三國さんは無口なようで、話し出すと止まらないところがあった。あくびをしながら、まだ眠くありませんと言い、深夜まで語り続けた。

晩年は「死」についてよく話した。それは、「生」について話しているようでもあった。かなり似ていた。

思い通りに生きてきたので死ぬのはぜんぜん怖くないと言っていた。老いて、思い通りに生きられないのなら、むしろ早く死にたいとも言っていた。

「人間、誰だって、いつかは死にますからね」

そんな話をしながら、思った。

死は必至だ。ならば、なるべく未練の残らないように生きよう。三國さんみたいに自由には生きられないにしろ、後悔の少ないほうに歩を進めるのはできる。

三國さんが最晩年のころ、私はがんに罹患《りかん》した。

手術を控えていたある日、夢を見た。三國さんが出てきて、

「まだこっちには来ませんよ、あなたは」

と言った。

夢なので、何の裏付けにもならないが、私はそれで少し安心した。三國さんがそう言うのだから「きっとそうだ」と思った。そして、その通りになった。

がんになっても、私は生活を変えなかった。仕事で忙しくしていたし、家族や親しい人との時間を楽しんだ。後悔の少ない方へ、常に意識して歩いた。

それから十年が経ったころ、私はまたがんになった。再発ではなく、初発のがんに、

である。

一度大きく泣いてから、私はいつもの毎日に戻った。一切泣かなかった。どちらかと言えば、朗らかであったと思う。事情を知らない人からは「元気そうでいいわね」と言われた。

これは二〇二二年の冬から二三年にかけての話で、今は治療を終えている。もちろん、生活は変えていない。

二度目のときは、三國さんの夢は見なかった。

ただ、自分に負けないということや思い通りに生きるという、いわゆる三國イズムのようなものが、私の内にも幾ばくかは存在している。

だから、私は生きる。原稿をふうふう言いながら書き、おいしいものを嬉しく食べ、大好きな人たちと喜んで会う。そういう日々を長く重ねようと思う。

後悔の少ないほうへ、人生の指標だ。

私はそれを、死を深く語り合う場で教わった。三國さんと過ごした年月に、心から感謝している。かけがえのない時間だったと思う。

二〇二四年、ひどく暑かった夏の終わりに。

宇都宮直子

単行本　二〇二〇年四月　文藝春秋刊

文春文庫

三國連太郎《みくにれんたろう》、彷徨《さまよ》う魂《たましい》へ

定価はカバーに
表示してあります

2025年4月10日　第1刷

著　者　宇都宮直子《うつのみやなおこ》
発行者　大沼貴之
発行所　株式会社　文藝春秋

東京都千代田区紀尾井町 3-23　〒102-8008
TEL　03・3265・1211㈹
文藝春秋ホームページ　https://www.bunshun.co.jp

落丁、乱丁本は、お手数ですが小社製作部宛お送り下さい。送料小社負担でお取替致します。

印刷製本・大日本印刷

Printed in Japan
ISBN978-4-16-792356-3